SUTRA BOG

DAGLIGE SUTRAER

EGELY KLOSTER
BUDDHISTISK SAMFUND

SUTRABOG for Buddhistisk Samfund

redaktør: Denko John Mortensen

Udgivet af:

Egely Kloster
Glappevej 12
DK3751 Østermarie
www.egelykloster.dk

Layout:

Denko John Mortensen

Tryk:

Lulu Press, inc., London

Udgave:

Første udgave, første oplag 2013

ISBN 978-87-992797-2-2

INDHOLD

DVÆL

DVÆL!

DU ER LYSET SELV

STOL PÅ DIG SELV

VÆR IKKE AFHÆNGIG AF ANDRE

DHARMAEN ER LYSET

STOL PÅ DHARMAEN

STOL IKKE PÅ NOGET ANDET END DHARMAEN

ATTA DIPA
VIHARATHA
ATTA SARANA
ANANNA SARANA
DHAMMA DIPA
DHAMMA SARANA
ANANNA SARANA

HYLDEST

HYLDEST TIL BUDDHAEN

DEN ÆRVÆRDIGE

DEN OPLYSTE

DEN I HØJESTE GRAD OPVÅGNEDE!

NAMO TASSA
BHAGAVATO ARAHATO
SAMMA SAMBUDDHASSA

FIRE TILFLUGTER

JEG ÅBNER MIT HJERTE TIL BUDDHA
JEG ÅBNER MIT HJERTE TIL DHARMA
JEG ÅBNER MIT HJERTE TIL SANGHA
JEG ÅBNER MIT HJERTE TIL LÆREREN

RENSELSE

AL DEN ONDE KARMA JEG NOGENSINDE HAR BEGÅET
PÅ GRUND AF MIN BEGYNDELSESLØSE
BEGÆRLIGHED, VREDE OG DUMHED
FØDT AF MIT LEGEME, MIN MUND OG MINE TANKER
ERKENDER JEG NU OG RENSER DEM ALLE

ÅBNENDE DENNE DHARMA

DENNE DHARMA
UFORLIGNELIG DYB OG MINUTIØS FIN
ER NÆPPE TRUFFET PÅ
SELV I HUNDREDER TUSINDER MILLIONER ÆONER
VI KAN NU SE DENNE
LYTTE TIL DENNE
ACCEPTERE OG FASTHOLDE DENNE
MÅ VI FULDSTÆNDIGT FORSTÅ OG VIRKELIGGØRE
DENNE TATHAGATAS SANDE MENING

HJERTE SUTRAEN

Han Nya Shin Gyo

I-DET DEN OP-LYS-TE A-VA-LO-KI-TES-VA-RA O-VER-VE-JE-DE DEN DYBT-GÅ-EN-DE UD-FØ-REL-SE AF VIS-DOM-MENS FULD-KOM-MEN-HED, SÅ HAN, AT DE FEM AS-PEK-TER FAK-TISK ER TOM-ME. DEN ÆR-VÆR-DI-GE SA-RI-PU-TRA SAG-DE DET-TE TIL A-VA-LO-KI-TES-VA-RA, "HVOR-DAN BØR EN SØN EL-LER DAT-TER AF NOB-LE KVA-LI-TE-TER, SOM ØN-SKER AT PRAK-TI-SE-RE VIS-DOM-MENS DYBT-GÅ-EN-DE FULD-KOM-MEN-HED, TRÆ-NE?" AD-SPURGT SÅ-LE-DES SVA-RE-DE A-VA-LO-KI-TES-VA-RA: "OH SA-RI-PU-TRA, EN SØN EL-LER DAT-TER AF NOB-LE KVA-LI-TE-TER, SOM ØN-SKER AT PRAK-TI-SE-RE VIS-DOM-MENS DYBT-GÅ-EN-DE FULD-KOM-MEN-HED, BØR BE-TRAG-TE TING PÅ FØL-GEN-DE MÅ-DE: DE FEM AS-PEK-TER BØR SES SOM VÆ-REN-DE NA-TUR-LIGT FULD-STÆN-DIGT TOM-ME. FORM ER TOM-HED. TOM-HED ER FORM. FORM ER IN-TET AN-DET END TOM-HED. TOM-HED ER IK-KE NO-GET AN-DET END FORM. PÅ SAM-ME MÅ-DE ER FØ-LEN, OP-FAT-TEL-SE, MEN-TA-LE DAN-NEL-SER, OG BE-VIDST-HED TOM-ME. SÅ-LE-DES, SA-RI-PU-TRA ER AL-LE U-NI-VER-SETS FUN-DA-MEN-TA-LE PRIN-CIP-PER TOM-HED. DE HAR IN-GEN KEN-DE-TEGN. DE ER IK-KE FØDT OG VIL IK-KE EN-DE, ER HVER-KEN U-RE-NE EL-LER FRI FRA U-REN-HED. DE HVER-KEN VOK-SER EL-LER BLI-VER MIN-DRE. DER-FOR, SA-RI-PU-TRA, HAR TOM-HE-DEN IN-GEN FORM, IN-GEN FØ-LEN, IN-GEN OP-FAT-TEL-SE, IN-GEN MEN-TA-LE DAN-NEL-SER, IN-GEN BE-VIDST-HED, IN-GEN ØJ-NE, IN-GEN Ø-RER, IN-GEN NÆ-SE, IN-GEN TUN-GE, IN-GEN LE-GE-ME, IN-TET SIND, IN-GEN FREM-TO-NING, IN-GEN LYD, IN-GEN

LUGT, IN-GEN SMAG, IN-GEN FOR-NEM-MEL-SE, IN-GEN TAN-KER, IN-TET AT SE IN-TET AT OP-FAT-TE OG IN-TET BE-VIDST-HEDS-FELDT; IN-GEN U-VI-DEN-HED, IN-GEN EN-DE PÅ U-VI-DEN-HED IN-GEN AL-DER-DOM OG DØD, OG IN-GEN EN-DE PÅ AL-DER-DOM OG DØD. LI-GE-LE-DES ER DER IN-GEN LI-DEL-SE, IN-GEN OP-RIN-DEL-SE TIL LI-DEL-SE, IN-GEN EN-DE PÅ LI-DEL-SE, IN-GEN VEJ, IN-GEN VIS-DOM, IN-GEN OP-NÅ-EL-SE, OG IN-GEN IK-KE-OP-NÅ-EL-SE. DER-FOR, SA-RI-PU-TRA, FOR-BLI-VER OP-LYS-TE VÆ-SE-NER, SI-DEN DE IK-KE HAR NO-GET AT OP-NÅ, I TIL-LID TIL VIS-DOM-MENS FULD-KOM-MEN-HED. UD-EN FOR-HIN-DRING-ER I SIN-DET HAR DE ING-EN FRYGT. FULD-STÆN-DIG HIN-SI-DES BAG-VEND-TE SYNS-PUNK-TER NÅR DE DEN EN-DE-LI-GE UD-RYD-DEL-SE AF LI-DEL-SE. AL-LE BUD-DHA-ER-NE, FOR-TI-DI-GE, NU-TI-DI-GE OG FREM-TI-DI-GE, VED AT FÆS-TE LID TIL VIS-DOM-MENS FULD-KOM-MEN-HED, VÅG-NER FULD-STÆN-DIGT TIL DEN PER-FEK-TE U-O-VER-TRÆF-FE-LI-GE OP-LYS-NING. DER-FOR, FOR AT FAST-HOL-DE DET-TE I DIT SIND, FREM-SIG DEN-NE SÆT-NING. DEN-NE VIS-DOM-MENS FULD-KOM-MEN-HEDS SÆT-NING ER DEN STO-RE OP-MÆRK-SOM-HEDS SÆT-NING; DET ER EN U-O-VER-TRUF-FEN SÆT-NING, SÆT-NING-EN DER UD-LIG-NER DET DER ER U-LI-GE, OG SÆT-NIN-GEN DER FULD-STÆN-DIG STIL-NER AL LI-DEL-SE. SI-DEN DEN IK-KE BE-DRAG-ER, BØR DEN KEN-DES SOM SAND-HED. VIS-DOM-MENS FULD-KOM-MEN-HEDS SÆT-NING UD-TA-LES: **OP-VÅG-NET! GÅ-ET, GÅ-ET, GÅ-ET TIL DEN AN-DEN BRED! DET-TE ER DEN GRUND-LÆG-GEN-DE BE-SKAF-FEN-HED!** SA-RI-PUT-RA, DET ER PÅ DEN-NE VIS AT OP-LYS-TE VÆ-SE-NER BØR TRÆ-NE DEN DY-BE VIS-DOMS FULD-KOM-MEN-HED."

HAN NYA SHIN GYO

Hjerte Sutraen

MA KA HAN NYA HA RA MI TA SHIN GYO
KAN JI ZAI BO SA GYO JIN HAN NYA HA RA MI TA JI SHO KEN GO ON KAI KU DO IS SAI KU YAKU SHA RI SHI SHIKI FU I KU KU FU I SHIKI SHIKI SOKU ZE KU KU SOKU ZE SHIKI JU SO GYO SHIKI YAKU BU NYO ZE SHA RI SHI ZE SHO HO KU SO FU SHO FU METSU FU KU FU JO FU ZO FU GEN ZE KO KU CHU MU SHIKI MU JU SO GYO SHIKI MU GEN NI BI ZES SHIN NI MU SHIKI SHO KO MI SOKU HO MU GEN KAI NAI SHI MU I SHIKI KAI MU MU MYO YAKU MU MU MYO JIN NAI SHI MU RO SHI YAKU MU RO SHI JIN MU KU SHU METSU DO MU CHI YAKU MU TOKU I MU SHO TOK KO BO DAI SAT TA E HAN NYA HA RA MI TA KO SHIN MU KE GE MU KE GE KO MU U KU FU ON RI IS SAI TEN DO MU SO KU GYO NE HAN SAN ZE SHO BUTSU E HAN NYA HA RA MI TA KO TOKU A NOKU TA RA SAM MYAKU SAM BO DAI KO CHI HAN NYA HA RA MI TA ZE DAI JIN SHU ZE DAI MYO SHU ZE MU JO SHU ZE MU TO TO SHU NO JO IS SAI KU SHIN JITSU FU KO KO SETSU HAN NYA HA RA MI TA SHU SOKU SETSU SHU WATSU GYA TEI GYA TEI HA RA GYA TEI HARA SO GYA TEI BO JI SOWA KA HAN NYA SHIN GYO

Store Lys Dharani

NA MU SA MAN DA MO TO NAN O HA RA CHI KO TO SHA SO NO NAN TO JI TO EN GYA GYA GYA KI GYA KI UN NUN SHI FU RA SHI FU RA HA RA SHI FU RA HA RA SHI FU RA CHI SHU SA CHI SHU SA SHU SHI RI SHU SHI RI SO HA JA SO HA JA SE CHI GYA SHI RI EI SO MO KO

Store Lys Dharani

NAMU SAMAN DA MOTONAN O HARACHI KOTOSHA SONONAN TO JI TO EN GYA GYA GYA KI GYA KI UN NUN SHIFURA SHIFURA HARASHIFURA HARASHIFURA CHISHUSA CHISHUSA SHUSHIRI SHUSHIRI SOHAJA SOHAJA SECHIGYA SHIRIEI SO MO KO

TILEGNELSE

Buddha Natur gennemstrømmer hele universet
Åbenbarende sig lige her nu
Med denne morgentjeneste
Lad os forene os med

Endeløse Dimensioner Universelt Liv
Buddha Shakyamuni Nyorai
Kanzeon Dai Bosatsu
Seishi Dai Bosatsu
Monju Dai Bosatsu
Fugen Dai Bosatsu
Jizo Dai Bosatsu
Kokuso Dai Bosatsu
Namu Sanze Sanzen Sho Butsu

Fortidige, nutidige, fremtidige
Alle Buddhaer, Bodhisattvaer
Lad Sand Dharma fortsætte
Universel Sangha forbindelse
Egely Kloster
Blive komplet

DE TI RETNINGER, DE TRE VERDNER, ALLE BUDDHAER, ALLE ÆRVÆRDIGE, BODHISATTVAER, MAHASATTVAER, DEN STORE PRAJNA PARAMITA.

JI HO SAN SHI I SHI FU
SHI SON BU SA MO KO SA
MO KO HO JA HO RO MI

Store Medlidende Dharani

NA MU KA RA TAN NO

TO RA YA YA NA MU O RI YA BO RYO KI CHI SHI FU RA YA FU JI SA TO BO YA MO KO SA TO BO YA MO KO KYA RU NI KYA YA EN SA HA RA HA EI SHU TAN NO TON SHA NA MU SHI KI RI TO I MO O RI YA BO RYO KI CHI SHI FU RA RI TO BO NA MU NO RA KI JI KI RI MO KO HO DO SHA MI SA BO O TO JO SHU BEN O SHU IN SA BO SA TO NO MO BO GYA MO HA TE CHO TO JI TO EN O BO RYO KI RYO GYA CHI KYA RYA CHI I KI RI MO KO FU JI SA TO SA BO SA BO MO RA MO RA MO KI MO KI RI TO IN KU RYO KU RYO KE MO TO RYO TO RYO HO JA YA CHI MO KO HO JA YA CHI TO RA TO RA CHI RI NI SHI FU RA YA SHA RO SHA RO MO MO HA MO RA HO CHI RI I KI I KI SHI NO SHI NO O RA SAN FU RA SHA RI HA ZA HA ZA FU RA SHA YA KU RYO KU RYO MO RA KU RYO KU RYO KI RI SHA RO SHA RO SHI RI SHI RI SU RYO SU RYO FU JI YA FU JI YA FU DO YA FU DO YA MI CHI RI YA NO RA KIN JI CHI RI SHU NI NO HO YA MO NO SO MO KO SHI DO YA SO MO KO MO KO SHI DO YA SO MO KO SHI DO YU KI SHI FU RA YA SO MO KO NO RA KIN JI SO MO KO MO RA NO RA SO MO KO SHI RA SUN O MO GYA YA SO MO KO SO BO MO KO SHI DO YA SO MO KO SHA KI RA O SHI DO YA SO MO KO HO DO MO GYA SHI DO YA SO MO KO NO RA KIN JI HA GYA RA YA SO MO KO MO HO RI SHIN GYA RA YA SO MO KO NA MU KA RA TAN NO TO RA YA YA NA MU O RI YA BO RYO KI CHI SHI FU RA YA SO MO KO SHI TE DO MO DO RA HO DO YA SO MO KO

TILEGNELSE

Med denne Store Medlidende Dharani
Lad os vie os til

Buddha Shakyamuni Dai Osho
Bodhidharma Daishi Dai Osho
Rinzai Gigen Zenji Dai Osho
Myoan Yosai Zenji Dai Osho
Dogen Kigen Zenji Dai Osho
Hakuin Ekaku Zenji Dai Osho
Torei Enji Zenji Dai Osho
Ryoga Kutsu Soyen Zenji Dai Osho
Hannya Kutsu Gempo Zenji Dai Osho
Choro An Nyogen Zenji Dai Osho
Hakuun Shitsu Ryoko Zenji Dai Osho
Mitta Kutsu Soen Zenji Dai Osho

Fortidige, nutidige, fremtidige
Alle Patriarker Dai Osho
Giv os mod
Og led os alle

DE TI RETNINGER, DE TRE VERDNER, ALLE BUDDHAER, ALLE ÆRVÆRDIGE, BODHISATTVAER, MAHASATTVAER, DEN STORE PRAJNA PARAMITA.

TI SÆTNINGS LIVSFORLÆNGENDE KANNON SUTRA

Kanzeon! Hilsen og hengivenhed til Buddha!
Vi er ét med Buddha,
I årsag og virkning forbundet med alle Buddhaer,
Og med Buddha, Dharma og Sangha.
Vores Sande Natur er
Evig, Glad, Selvløs og Ren.
Så lad os messe hver morgen Kanzeon, med Nen!
Hver aften Kanzeon, med Nen!
Nen, Nen opstår fra Sindet.
Nen, Nen er ikke adskilt fra Sindet.

ENMEI JUKKU KANNON GYO
KAN ZE ON
NA MU BUTSU
YO BUTSU U IN
YO BUTSU U EN
BU PO SO EN
JO RAKU GA JO
CHO NEN KAN ZE ON
BO NEN KAN ZE ON
NEN NEN JU SHIN KI
NEN NEN FU RI SHIN

BODHISATVAS LØFTE

af Torei Enji Zenji

Når jeg, der studerer Dharmaen,
Ser på universets sande form,
Er alt den aldrig-fejlende manifestation,
Af Tathagatas gådefulde sandhed.
I enhver begivenhed, i ethvert øjeblik, og på ethvert sted,
Kan intet være andet end den utrolige åbenbaring
Af Hans strålende lys.
Denne indsigt fik vores patriarker og dydige Zen mestre
Til at udvise omsorg, med et ærbødigt hjerte,
Selv for sådanne væsner som rovdyr og fugle.
Denne indsigt lærer os, at vores daglige mad og drikke,
Tøj og anden beskyttelse i livet er det varme kød og blod,
Den barmhjertige inkarnation af Buddha.
Hvem kan være utaknemmelig eller ikke respektfuld
Selv over for sanseløse ting, for ikke at tale om et menneske?
Selv om han måske er en tåbe,
Vær varm og medfølende over for ham,
Hvis han skulle vende sig imod os,
Og misbruge og forfølge os,
Bør vi bøje os med ydmyge ord, i den ærbødige tro
At han er Buddhas barmhjertige inkarnation,
Som planlægger at frigøre os fra syndefuld Karma,
Som er blevet skabt og ophobet på os selv
Af vores egen illusion og tilknytning
Gennem talløse Kalpa perioder.
Da, i ethvert glimt af vores tanker,
Vil der gro en lotus blomst,
Og hver lotus blomst vil åbenbare en Buddha.
Disse Buddhaer vil kaste glans over Sukhavati,
Det rene land, hvert øjeblik, overalt.
Må vi udstrække Dette sind over hele universet,
Så at vi og alle væsner tilsammen
Må nå modenhed i Buddhas Visdom.

Store Løfter For Alle

DE FIRE BODHISATTVA-LØFTER

HVOR UTALLIGE ALLE VÆSNER END ER,
LOVER JEG AT FRELSE DEM ALLE
HVOR UUDTØMMELIGE MINE VRANGFORESTILLINGER END ER,
LOVER JEG AT UDRYDDE DEM ALLE
HVOR UMÅLELIGE DHARMA LÆRDOMMENE END ER,
LOVER JEG AT MESTRE DEM ALLE
HVOR ENDELØS BUDDHAS VEJ END ER,
LOVER JEG AT FØLGE DEN.

SHU JO MU HEN SEI GAN DO
BO NO MU JIN SEI GAN DAN
HO MON MU RYO SEI GAN GAKU
BUTSU DO MU JO SEI GAN JO

------------------ slut på morgenceremoni ------------------

Store Medlidende Dharani

NAMU KARA TAN NO
TORAYA YA NAMUORIYA BORYOKICHI SHIFURAYA FUJISATOBOYA MOKOSATOBOYA MOKO KYARUNIKYAYA EN SA HARAHAEI SHUTANNO TON SHA NAMUSHIKIRI TOIMO ORIYA BORYOKICHI SHIFURA RITOBO NAMUNORA KIJIKIRI MOKOHODO SHAMISABO OTOJO SHUBEN OSHUIN SABOSATO NOMOBOGYA MOHATECHO TOJITO EN OBORYOKI RYOGYACHI KYARYACHI IKIRIMOKO FUJISATO SABOSABO MORAMORA MOKIMOKI RITOIN KURYO KURYO KEMOTORYO TORYO HOJAYACHI MOKOHOJAYACHI TORATORA CHIRINI SHIFURAYA SHARO SHARO MOMOHAMORA HOCHIRI IKI-IKI SHINOSHINO ORASAN FURASHARI HAZAHAZA FURASHAYA KURYO KURYO MORAKURYO KURYO KIRISHARO SHARO SHIRISHIRI SURYO SURYO FUJIYA FUJIYA FUDOYA FUDOYA MICHIRIYA NORAKIN JI CHIRISHUNINO HOYAMONOSOMOKO SHIDOYA SOMOKO MOKOSHIDOYA SOMOKO SHIDOYUKISHIFURAYA SOMOKO NORAKIN JI SOMOKO MORANORASOMOKO SHIRASUN OMOGYAYA SOMOKO SOBOMOKOSHIDOYA SOMOKO SHAKIRA OSHIDOYA SOMOKO HODOMOGYASHIDOYA SOMOKO NORAKIN JI HAGYARAYA SOMOKO MOHORI SHIN GYARAYA SOMOKO NAMUKARATAN NO TORAYA YA NAMUORIYA BORYOKICHI SHIFURAYA SOMOKO SHITEDO MODORA HODOYA SO MO KO

Denne udgave er for recitation uden mokugyo

HJERTE SUTRAEN

Han Nya Shin Gyo

Buddhas nedskrevne ord angående essensen af visdommens fuldkommenhed
(Prajna Paramita Hridaya Sutra, 摩訶般若波 羅蜜多心經)

Dette er hvad jeg er blevet fortalt.

Engang opholdt Shakyamuni Buddha sig i Rajagriha, Magadhas hovedstad, nær bjerget Gribbens Tinde sammen med en stor forsamling af munke og oplyste mennesker.
På det tidspunkt gik Buddha ind i dyb zazen[1], idet han arbejdede på dybsindig oplysnings sande essens.

Samtidigt så den oplyste Avalokitesvara[2], idet han overvejede den dybtgående udførelse af visdommens fuldkommenhed, at de fem aspekter af os menneskelige væsner[3] faktisk er tomme.
Den ærværdige Sariputra sagde dette til Avalokitesvara, "Hvordan bør en søn eller datter af noble kvaliteter, som ønsker at praktisere visdommens dybtgående fuldkommenhed, træne?"
Adspurgt således svarede Avalokitesvara:
"Oh Sariputra, en søn eller datter af noble kvaliteter, som ønsker at praktisere visdommens dybtgående fuldkommenhed, bør betragte ting på følgende måde:
De fem aspekter bør ses som værende naturligt fuldstændigt tomme.
Form er tomhed. Tomhed er form. Form er intet andet end tomhed. Tomhed er ikke noget andet end form.
På samme måde er følen, opfattelse, mentale dannelser, og bevidsthed tomme.
Således, Sariputra, er alle universets fundamentale principper tomhed.
De har ingen kendetegn[4].
De er ikke født og vil ikke ende, er hverken urene eller fri fra urenhed.
De hverken vokser eller bliver mindre.

---

1 Koncentreret introspektion, målbevidst koncentration

2 Kanzeon

3 Legeme (form), sansning (følen), ideer (opfattelser), intentioner (mentale dannelser, anstrengelser, hensigter) og skelnende sind (bevidsthed)

4 ingen virkelig evig substans

Derfor, Sariputra, har tomheden ingen form, ingen følen, ingen opfattelse, ingen mentale dannelser, ingen bevidsthed, ingen øjne, ingen ører, ingen næse, ingen tunge, intet legeme, intet sind, ingen fremtoning, ingen lyd, ingen lugt, ingen smag, ingen fornemmelse, ingen tanker, intet at se... til intet at opfatte og intet bevidsthedsfeldt; ingen uvidenhed, ingen ende på uvidenhed… til ingen alderdom og død, og ingen ende på alderdom og død.
Ligeledes er der ingen lidelse, ingen oprindelse til lidelse, ingen ende på lidelse, ingen vej, ingen visdom, ingen opnåelse, og ingen ikke-opnåelse.
Derfor, Sariputra, forbliver oplyste væsner, siden de ikke har noget at opnå, i tillid til visdommens fuldkommenhed.
Uden disse forhindringer i sindet har de ingen frygt.
Fuldstændig hinsides bagvendte synspunkter når de den endelige udryddelse af lidelse.
Alle Buddhaerne, fortidige, nutidige og fremtidige, ved at fæste lid til visdommens fuldkommenhed, vågner fuldstændigt til den perfekte uovertræffelige oplysning.
Derfor, for at fastholde dette i dit sind, fremsig denne sætning. Denne visdommens fuldkommenheds sætning er den store opmærksomheds sætning; det er en uovertruffen sætning, sætningen der udligner det der er ulige, og sætningen der fuldstændig stilner al lidelse.
Siden den ikke bedrager, bør den kendes som sandhed.
Visdommens fuldkommenheds sætning udtales:
OPVÅGNET! GÅET, GÅET, GÅET TIL DEN ANDEN BRED!
DETTE ER DEN GRUNDLÆGGENDE BESKAFFENHED!
Sariputra, det er på denne vis at oplyste væsner bør træne den dybe visdoms fuldkommenhed."

Buddhaen rejste sig fra sin zazen og priste den noble Avalokitesvara idet han sagde: "Godt, godt, oh søn af noble kvaliteter! Således er det! Således er det! Præcist som du har fortalt det, bør man praktisere visdommens dybe fuldkommenhed, og alle opvågnede vil glæde sig."
Idet den velsignede talte disse ord, priste ærværdige Sariputra og noble Avalokitesvara sammen med hele forsamlingen og verden med dens guder, mennesker, titaner og centauer alle med glæde det den velsignede havde sagt.

ZAZEN SANGEN

Af Hakuin Ekaku Zenji

Levende væsner er oprindelig alle Buddhaer.
Det er som is og vand,
Adskilt fra vand kan is ikke eksistere.
Hvis ikke blandt levende væsner, hvor finder vi så buddhaerne.

Uden at vide hvor nær sandheden er,
Søger vi den langt borte, hvilken skam!
Vi er som en mand, der midt i vandet,
Klager sin tørst så bønligt,
Vi er som en rig mands søn,
Der vandrer bort blandt de fattige.

Grunden til at vi vandrer gennem de seks verdner,
Er at vi er tabt i uvidenhedens mørke,
Forvildende os selv længere og længere ind i mørket,
Hvornår er vi i stand til at blive fri fra fødsel og død.

Med hensyn til Zazen træning i Mahayana,
Har vi ikke ord til at prise den fuldt ud.
Fuldkommenhedens dyder,
såsom godgørenhed, moralskhed,
Påkaldelse af Buddhas navn,
Konfession og asketisk disciplin,
Og mange andre gode dyder,
Alle disse vender tilbage til DETTE!
Selv dem der kun har praktiseret i en eneste sidning,
Vil se al deres onde Karma udslettet,
Ingen steder vil de finde onde veje,
Men Det Rene Land vil være nær.

Hvis vi lytter til denne sandhed med et ærbødigt hjerte bare en gang,
Og priser den, og med glæde griber den,
Vil vi helt sikkert blive velsignet i det uendelige.
Men, hvis vi koncentrerer os indadtil,
Og bekræfter den sandhed, at Selv-Natur er ingen natur,
Er vi virkelig gået hinsides tåbelig tale.

Porten til årsags og virknings enhed er åbnet,
Ikke-dualiteten og ikke-treenighedens sti går lige frem.

At betragte ikke-formens form som form,
Hvad enten vi går eller kommer, kan vi ikke være noget andet sted.
At betragte ikke-tankens tanke som tanke,
Hvad enten vi synger eller danser, er vi Dharmaens stemme.

Hvor grænseløs Samadhis opklarede himmel er!
Hvor klart den Firfoldige Visdoms perfekte måneskin er!

I dette øjeblik hvad behøver vi mere at søge?
Idet Sandheden i al evighed åbenbarer sig selv.
Netop dette sted er Renhedens Lotus Land,
Netop dette legeme er Buddhaens legeme.

TEIDAI DENPO BUSSO NO MYOGO

Dharma Afstamning

(Buddhaers og Patriarkers navne i en Rinzai Zen Afstamning)

BIBÁSHI BUTSU
SHIKÍ BUTSU
BISHÁFU BUTSU
KURUSÓN BUTSU
KUNÁGÓN MUNÍ BUTSU
KASHÓ BUTSU

SHAKYÁMUNÍ BUTSU
MAKÁ KASHÓ SONJA
ANÁN SONJA
SHÓNÁ WASHU SONJA
UBA KIKUTÁ SONJA
DÁI TAKA SONJA
MI SHAKÁ SONJA
BASHU MITSU SONJA
BÚTTÁ NÁNDÁI SONJA
FUKUTÁ MÍTTÁ SONJA
KYÓ SONJA
FUNA YASHA SONJA
MEMYÓ SONJA
KABIMORA SONJA
RYÚJÚ SONJA
KANA DÁIBÁ SONJA
RAGORATA SONJA

SÓGYÁ NÁNDÁI SONJA
KAYASHATA SONJA
KUMORATA SONJA
SHAYATÁ SONJA
BASHU BÁNZÚ SONJA
MANURÁ SONJA
KAKU ROKUNÁ SONJA
SHISHI SONJA
BASHA SHITA SONJA
FUNYO MÍTTÁ SONJA
HÁNNYÁ TARA SONJA

BODÁI DHARUMA DAISHI
EKA DÁI SO ZENJI
SÓ SÁN GÁN CHI ZENJI
DÓ SHÍN DÁI I ZENJI
GUNÍN DÁI MÁN ZENJI
ENÓ DÁI KÁN ZENJI
NÁN GAKU EJÓ ZENJI
BASO DÓ ITSU ZENJI
HYAKU JÓ EKÁI ZENJI
Ó BAKU KIÚN ZENJI
RÍN ZÁI GIGÉN ZENJI
KÓ KÉ SÓN SHÓ ZENJI

NÁN ÍN EGYÓ ZENJI
FUKETSU ÉN SHÓ ZENJI
SHUZÁN SHÓ NÉN ZENJI
FÚNNYÓ ZÉN SHÓ ZENJI
SEKISÓ SOÉN ZENJI
YÓ GÍ HÓ É ZENJI
HAKU ÚN SHUTÁN ZENJI
GOSO HÓ ÉN ZENJI
ÉN GÓ KOKU GÓN ZENJI
KOKYÚ SHÓ RYÚ ZENJI
Ó ÁN DÓN GÉ ZENJI
MÍTTÁN GÁN KETSU ZENJI
SHÓ GÉN SÚ GAKU ZENJI
ÚN ÁN FUGÁN ZENJI
KIDÓ CHIGU ZENJI

NÁM PÓ SHÓ MYÓ ZENJI
SHÚ HÓ MYÓ CHÓ ZENJI
KÁN ZÁN EGÉN ZENJI
JU Ó SÓ HITSU ZENJI
MU ÍN SO ÍN ZENJI
NÍP PÓ SÓ SHÚN ZENJI
GITÉN GÉN SHÓ ZENJI
SÉK KÓ SÓ SHÍN ZENJI

TÓ YÓ É CHÓ ZENJI
TÁI GÁ TÁN KYÓ ZENJI
KÓ HÓ GÉN KÚN ZENJI
SÉN SHÓ ZUÍ SHÓ ZENJI
I ÁN CHISATSU ZENJI
TÓ ZÉN SÓ SHÍN ZENJI
YÓ ZÁN KÉI YÓ ZENJI
GUDÓ TÓ SHUKU ZENJI
SHIDÓ BUNÁN ZENJI
DÓ KYÓ ETÁN ZENJI
HAKU ÍN EKAKU ZENJI
TÓ RÉI ÉN JI ZENJI
GASÁN JITÓ ZENJI
TAKU JÚ KOSÉN ZENJI
SOZÁN GÉN KYÓ ZENJI
KASÁN ZÉN RYÓ ZENJI
SÓ HÁN GÉM PÓ ZENJI
GÉM PÓ GIYÚ ZENJI
SÓ ÉN GÉN JÚ ZENJI

JIHÓ SANSHÍ
ISHI ISHI FÚ
SHI SÓN BUSÁ MOKÓ SÁ
MOKÓ HOJÁ HORÓ MÍ

DHARANIER

Jizo Dai Bosatsu (Ksitigarbha Bodhisattva)
ON KA KA KABI SA MA EI SOWA KA

Kanzeon Dai Bosatsu (Avalokitesvara Bodhisattva)
ON A RO RI KYA SOWA KA

Shobo Kuju (Lad Sand Dharma Fortsætte)
ON A BEI DA BI DEI SOWA KA

Gyaku On Jin Shu (Renselses Dharani)
NAMU FUDO YA
NAMU DABO YA
NAMU SHUN GYA YA
NAMU JI HO SHI FU
NAMU SHI FU SA MOKO SA
NAMU SHI SHIN SUN
NAMU SHU SHI
SARA GYA SARA GYA SARA GYA
MUTO NAN KI
AGYA NI KI
NIGYA SHI KI
AGYA NA KI
HARA NI KI
ABI RA KI
HA DAI RI KI
SHIK KO SHIK KO
MAKU TOKU KU JU

Dai Ryu O (Otte Tempel Beskyttere)
NAN DA RYU O
BATSU NAN DA RYU O
SHA KA RA RYU O
WA SHU KITSU RYU O
TOKU SHAKA RYU O
A NAWA SAT TA RYU O
MA NA SHI RYU O
U HA TSU RA RYU O
ZEN NYO RYU O

Yaku Shi Nyo Rai (Bhaisajyo-guru)
ON KO RO KO RO SEN DA RI MA TO GI SOWA KA

I Da Ten (Skanda-Tempel Beskyttende Guddom)
ON ITA TEI TA MOKO TEI TA SOWA KA

Dai Nichi Nyorai (Mahavairocana)
ON A BI RA UN KEN SOWA KA

Shu Ya Jin (Nattevagt Guddom)
ON BA SAM BA EN TEI SHU YA JIN SOWA KA

Shakyamuni Nyorai (Shakyamuni Buddha)
ON SARU BA SHICHI KEI BI SHU DA RA NI SOWA KA

Amida Nyorai (Amitabha Buddha)
ON A MIRI TA TEIZEI KARA UN

Seishi Dai Bosatsu (Mahasthama Prapta)
ON SAN ZEN ZEN SAKU SOWA KA

Monju Dai Bosatsu (Manjusri Bodhisattva)
ON A RA HA SA NA SOWA KA

Fugen Dai Bosatsu (Samantabhadra Bodhisattva)
ON SA MA YA SATABAN

Kokuzo Da Bosatsu (Akasa Garbha Bodhisattva)
ON BA SARA ARA TANA KAN

Miroku Dai Bosatsu (Maitreya Bodhisattva)
ON MAI TARA YA A SOWA KA

Ko Myo Dharani (Klare Lys Dharani)
ON ABO KYA BEI ROSHA NO MAKA BO DA RA
MANI HAN DO MA JIM BA RA HARA BARI TA YA UN

BU CHIN SON SHIN DHARANI

Messen for alle Tempelbeskyttende Guddomme

NO BO BA GYA BA TE TA RE RO KI YA HA RA CHI BI SHI SHU DA YA HO DA YA BA GYA BA TE TA NI YA TA OM BI SHU DA YA BI SHU DA YA SA MA SA MA SAN MAN DA HA BA SHA SO HA RA DA GYA CHI GYA GYA NO SO BA HAN BA BI SHU TEI A BI SHIN SHA TO MAN SO GYA TA HA RA HA SHA NO A MI RI TA BI SEI KEI MA KA MAN DA RA HA DA I A KA RA A KA RA A YU SAN DA RA NI SHU DA YA SHU DA YA GYA GYA NO BI SHU TEI U SHU NI SHA BI SHA YA BI SHU TEI SA KA SA RA A RA SHIN MEI SAN SO NI TEI SA RA BA TA TA GYA TA BA RO GYA NI SA TA HA RA MI TA HA RI HO RA NI SA RA BA TA TA GYA TA KI RI DA YA CHI SHU TA NO CHI SHU CHI TA MA KA BO DA REI BA SA RA GYA YA SO GYA TA NO BI SHU TEI SA RA BA HA RA DA HA YA TO RI GYA CHI HA RI BI SHU TEI HA RA CHI NI HA RA DA YA A YU KU SHU TEI SAN MA YA CHI SHU CHI TEI MA NI MA NI MA KA MA NI TA TA TA BO DA KU CHI HA RI SHU TEI BI SO BO DA BO CHI SHU TEI SHA YA SHA YA BI SHA YA BI SHA YA SA MO RA SA MO RA SA RA BA BO DA CHI SHU CHI TA SHU TEI BA SHI RI BA SA RAN GYA RA BEI BA SA RAN HA BA TO BA MAN SHA RI RAN SA RA BA SA TO BA NAN SHA KYA YA HA RI BI SHU TEI SA RA BA GYA CHI HA RI SHU TEI SA RA BA TA TA GYA TA SHI SHA MEI SAN BA JIN BA SO EN TO SA RA BA TA TA GYA TA SAN BA JIN BA SO JI SHU CHI TEI BO JI YA BO JI YA BI BO JI YA BI BO JI YA BO DA YA BO DA YA BI BO DA YA BI BO DA YA SAN MAN DA HA RI SHU TEI SA RA BA TA TA GYA TA KI RI DA YA CHI SHU TA NO CHI SHU CHI TA MA KA BO DA REI SO WA KA

DAI SEGAKI

Messen for alle kendte og ukendte afdøde Dharma brødre og søstre

JYA JIN NYU RYO SHI SAN SHI I SHI FU IN KAN HA KAI SHIN I SHI YUI SHIN ZO NA MU JI HO FU NA MU JI HO HA NA MU JI HO SEN NA MU HON SU SHI KYA MU NI FU NA MU DAI ZU DAI HI KYU KU KAN SHI IN BU SA NA MU KI KO O NAN SON SHA NA MU SA BO TO TO GYA TO BO RYO KI CHI EN SAN MO RA SAN MO RA KIN NA MU SU RYO BO YA TO TO GYA TO YA TO JI TO EN SU RYO SU RYO BO YA SU RYO BO YA SU RYO SO MO KO NA MU SA MAN DA HO DO NAN BAN NA MU HO SHIN JI RAI NA MU TO HO JI RAI NA MU MYO SHI SHIN JI RAI NA MU KO HA SHIN JI RAI NA MU RI FU I JI RAI NA MU KAN RO YO JI RAI NA MU O MI TO JI RAI NA MU O MI TO BO YA TO TO GYA TO YA TO NI YA TO O MI RI TSU BO BI O MI RI TO SHI TA BO MI O MI RI TO BI GYA RA CHI O MI RI TO BI GYA RA TO KYA MI NI GYA GYA NO SHI TO YA RI SO MO KO JIN SHU KYA JI JIN NIN SHI FU SHI O SA SHU KI JIN GEN KAI BO MAN SHA KEN SHIN SHI DO YU MIN SAN ZEN DO KI I SAN BO HA BU JI KYU KIN TE SHIN BU JO KA KUN TE BU HEN JIN MI RAI I SHI SHUN SAN ZUN PA SHI JI TEN KI JIN SHU GO KIN SU JI KYU SU JI HEN JI HO I SHI KI JIN KYO I SU SHU AN SHU SEN GEN HO TA BU MO KI RO TE SON SHA FU RA JU BU KYU MO SHA RI KU SAN NAN NYO SU IN SAN NYU SHI AN SHI SAN ZU HA NAN KU SHUN SAN KYU MO KYU KO SEN NA SU JIN SHU RIN NUI SAN JIN ZU GEN NI SU KUN TEI FU GYU O I SHI GO TEN NI SHUN SAN KAI KYU JIN BU DO JI HO SAN SHI I SHI SHI BU SHI SON BU SA MO KO SA MO KO HO JYA HO RO MI

Mindetilegnelse

En dals strøm
Skænker den ambrosiske nektar
Ti tusinde tinder af fyrrevind
Slår på Dharma trommen

På denne ____________
Idet vi ofrer røgelse og rent vand
Med Dai Segaki messen
Lad os tilegne os til ______________________

Alle kendte og ukendte afdøde Dharma brødre og søstre
Må visdommens sol skinne klarere og klarere
Og må vi alle ophøre med at vandre
I uvidenhedens mørke

Lad sand Dharma fortsætte
Universel Sangha forbindelse
Egely Kloster blive komplet.

DE TI RETNINGER, DE TRE VERDNER, ALLE BUDDHAER, ALLE ÆRVÆRDIGE, BODHISATTVAER, MAHASATTVAER, DEN STORE PRAJNA PARAMITA.

Måltids sange

Før måltidet

Enmei Jukku Kannon Gyo
KAN ZE ON
NA MU BUTSU
YO BUTSU U IN
YO BUTSU U EN
BU PO SO EN
JO RAKU GA JO
CHO NEN KAN ZE ON
BO NEN KAN ZE ON
NEN NEN JU SHIN KI
NEN NEN FU RI SHIN

De Ti Buddhaers Navne
SHIN JIN PA SHIN BI RU SHA NO FU
EN MON HO SHIN RU SHA NO FU
SEM PAI KA SHIN SHI KYA MU NI FU
TO RAI A SAN MI RU SON PU
JI HO SAN SHI I SHI SHI FU
DAI SHIN MON JU SHU RI BU SA
DAI AN FU GEN BU SA
DAI HI KAN SHI IN BU SA
SHI SON BU SA MO KO SA
MO KO HO JA HO RO MI

De Fem Overvejelser

Først, lad os overveje vores eget arbejde
og indsatsen af dem der bragte os dette måltid.
For det andet, lad os være bevidste om kvaliteten af vores dyder,
idet vi modtager dette måltid.
For det tredje, hvad der er mest fundamentalt
er praktisering af opmærksomhed,
som hjælper os med at overvinde grådighed, vrede og illusioner.
For det fjerde, vi påskønner denne føde
som opretholder vores legemes og sinds gode helbred.
For det femte, vi accepterer denne ofring
så vi kan fortsætte vores praksis for alle væsner.

Den første bid er for at ødelægge alt ondt.
Den anden bid er for at praktisere alt der er godt.
Den tredje bid er for at frelse alle væsner.
Må vi alle opnå Buddhas vej.

Efter morgenmåltidet

Efter at have afsluttet morgenmåltidet,
lad os bede til at alle væsner må fuldføre
hvilke opgaver de end er engageret i,
og blive opfyldt med alle Buddha dharmaer.

De Fire Bodhisattva-Løfter

Hvor utallige alle væsner end er, lover jeg at frelse dem alle
Hvor uudtømmelige mine vrangforestillinger end er, lover jeg at udrydde dem alle
Hvor umålelige dharma lærdommene end er, lover jeg at mestre dem alle
Hvor endeløs Buddhas vej end er, lover jeg at følge den.

Efter middagsmåltidet.

Efter at have afsluttet middagsmåltidet
er vores legemes styrke fuldt genoprettet,
vores kraft strækker sig over de ti retninger
og gennem de tre tidsperioder,
og vi er stærke.
Med hensyn til dharma hjulet:
ingen tanke er spildt over det.
Må alle væsner opnå sand visdom.

De Fire Bodhisattva-Løfter

Hvor utallige alle væsner end er, lover jeg at frelse dem alle
Hvor uudtømmelige mine vrangforestillinger end er, lover jeg at udrydde dem alle
Hvor umålelige dharma lærdommene end er, lover jeg at mestre dem alle
Hvor endeløs Buddhas vej end er, lover jeg at følge den.

Saba vers

Oh jer af de åndelige verdner
Jeg ofrer nu dette til jer.
Lad denne føde fylde de ti retninger
Og må alle ånder nyde den.

Rensevands vers

Dette vand med hvilket vi vaskede vores skåle,
Smager som himmelsk nektar.
Vi ofrer det til de utallige væsner i alle verdner.
Må de alle blive mætte og tilfredse.

De Ti Buddhaers Navne

Vairochana Buddha som Dharmakaya, ren og ubesmittet;
Lochana Buddha som Sambhogakaya, perfekt og fuldkommen;
Shakyamuni Buddha som Nirmanakaya,
hvis former er manifesteret i hundrede tusinder af Kotier;
Maitreya, den ærværdige Buddha, som vil blive født her i fremtiden;
Alle fortidige, nutidige og fremtidige Buddhaer i alle de ti retninger;
Manjusri, Bodhisattvaen af stor visdom;
Samantabhadra, Bodhisattvaen af store dyder;
Avalokitesvara, Bodhisattvaen af stor medliden;
Alle ærværdige Bodhisattvaer-Mahasattvaer;
Mahaprajnaparamita.

धर्म

UDVALGTE TEKSTER

རྫོགས་ཆེན་

Et Lys i Mørket

der udpeger sindets væsen ifølge de gamle helliges tradition

af

Mipam Jampal Dorjé

Hyldest til min lærer og Manjushri, tidløs opmærksomheds væsen (Jnanasattva).

Uden at behøve længere studier, tænken og meditation,
Men ved at forblive i sindets væsen,
Med næsten ingen anstrengelse, bliver en by-praktiserende en vidensholder.
Sådan er denne dybsindige stis kraft.

Instruktioner for at knække uvidenhedens æggeskal åben.

Placér dit sind i oplevelsernes naturlige strøm, tænk ikke på noget som helst, og fasthold opmærksomhed hele tiden. Når du gør dette, vil du måske opleve en neutral og ligegyldig, vag sindstilstand, som er indholdsløs, tom og ineffektiv.

Sålænge en indsigt af klar og afgørende viden ikke er tilstede, kaldte tidligere lærere dette ”ikke-viden” (marigpa). Siden du ikke kan definere det som ”det er sådan her” eller ”dette er det”, kaldes en sådan sindstilstand også ”ineffektiv”. Siden du også er ude af stand til at beskrive en sådan tilstand, betegnes den som ”almindelig ligegyldighed”.

Det, der sker her, er, at du hviler i oplevelsernes grund (alaya) med almindelig overfladisk opmærksomhed.
Når du lader sindet falde til ro, bør årvågenhed hinsides begreber, ikke-konceptuel tidløs bevidsthed (oprindelig årvågenhed), udvikle sig. Men uden indsigt i selve sindets natur, er dette ikke ægte meditationspraksis.

I *Samantabhadras bøn af intentioner* siges der:

Den vage, tomme tilstand, hvor du ikke er fuldt tilstede,
Er i sig selv årsagen til forvirring og uvidenhed.

Idet du oplever denne tomme tilstand, i hvilken der ingen tanker eller bevægelser er, se ubesværet ind i naturen af det, som bemærker denne tilstand, og dvæl der. Når du gør det, oplever du en ren opmærksomhed (rigpa), fri af koncepter, der er fuldstændigt åben, uden nogen oplevelse af inderside og yderside, som en klar strålende himmel. I denne rene årvågenhed er oplevelse og oplever er ikke adskilt. dog er det muligt at have en klar overbevisning om, at dette er dit sande væsen og at der ikke er andet end dette - ”dette er DET”, ”dette er alt”.

Når denne oplevelse opstår, så er der ingen ord eller begreber til at beskrive den. Du kunne kalde den ”hinsides idéer”, ”hinsides ord”, ”medfødt klarhed”, ”åben tilstedeværen” eller ”ren opmærksomhed”. En tidløs opmærksomhed opstår, i hvilken du genkender, hvad du er i den, og opklarer den blinde vage uklarhed. Du kender med sikkerhed dit eget sinds rene væsen (dharmata), ligesom når daggryet kommer, og du ser det indre af dit eget hjem.

Dette er den mundtlige anvisning, der bryder uvidenhedens æggeskal.

Instruktioner for at gennemskære eksistensens net.

Når du én gang ved dette direkte, ved du, at denne kvalitet af ren væren er og altid vil være der. Du ved, at denne naturs tidløse nærvær ikke er formet af årsager og betingelser. Du ved, at den ikke ændrer sig over tid. Og du kan ikke forestille dig, at der skulle være selv et enkelt atom af såkaldt sind, der er noget andet.

Den tidligere tomme tilstand og uklar vaghed var ubeskriveligt simpelthen fordi du ikke klart kunne forvisse dig om dens væsen. Ren opmærksomhed er også ubeskrivelig, men du har nu fattet dens væsen gennem direkte oplevelse, hinsides enhver tvivl. Ligesom blindhed og seen, er disse to ubeskrivelige tilstande også meget forskellige. Dette forklarer også den fundamentale forskel mellem grund-bevidsthed (oplevelsens grund, alaya) og den ikke dualistiske virkeliggørelse af Dharmakaya, opvågnings højeste dimension.

Af samme grund, har ”almindelig viden”, ”ikke-gøren i sindet” (passivt sind) eller ”hinsides udtryk” (ubeskriveligt) og andre udtryk både en illusorisk og en visdoms synsvinkel. Når du fatter dette vigtige punkt, vil du komme til en oplevelsesmæssig forståelse af den dybe Dharma.

Medens de hviler i den naturlige strøm af oplevelsen af sindet selv, prøver nogle mennesker blot at forblive bevidste og årvågne. Så hviler de i dette stadie af mental bevidsthed med følelsen: ”dette er så klart!” Andre mennesker fastholder en tom sindsro, i hvilke viden synes at være blevet tom. Begge disse tilfælde er dog blot aspekter af sindet klamrende sig til en dualistisk oplevelse.

Når disse oplevelser opstår med stabil uafbrudt opmærksomhed, se da direkte på kenderen af klarheden og den/det, der fastholder klarhed, eller kenderen af tomhed og det, der fastholder tomhed. Grav (således) den bevidstheds pæl ud, der klamrer sig til subjekt og objekt. Når en oprindelig, transparent, dimensionsløs, tom klarhed opstår af sig selv, urystelig, frisk og levende, dét kaldes "bevidstheden selv" (essensen af viden). Fri fra tildækninger af holdte oplevelser, opstår opmærksomhed, tidløs opmærksomhed, fuldstændig frisk og klar.

Dette var den mundtlige anvisning, der skærer igennem den samsariske eksistens' net.

Instruktioner for hvilen i rumlig sindsligevægt

Ved hjælp af den naturlige strøm og naturlige klarhed af ren væren, identificér den årvågenhed, der er fri fra de forskellige slør af antagelser og midlertidige oplevelser, ligesom et riskorn er fri fra avner. Det er ikke nok blot at vide, hvordan denne årvågenhed er. Du må stabilisere en vedholdende fortrolighed med denne tilstand, du må øve dig i at være lige dér. Det er meget vigtigt at bibeholde en udistraheret kontinuitet af opmærksomhed, når du lader viden strømme naturligt.

Idet du fortsætter med at gøre dette, vil bølger af betinget energi og tankemønstre, opdyrket fra begyndelsesløs tid, opstå uden bestemt rytme eller årsag. Nogle gange oplever du en sløv og åndsfraværende tilstand af ikke-viden. Nogle gange er der en tankefri tilstand af åbenhed åbenbarende vipashyanas stråleglans. Til tider vil lyksalighedsoplevelser opstå med begær, til tider uden begær. Nogle gange kommer klarhedsoplevelser sammen med ønsker om at fastholde dem, og nogle gange opstår oprindelig klarhed uden ønsker om at fastholde den. Sommetider opstår ubehagelige og forstyrrende oplevelser, og sommetider opstår behagelige og fredelige oplevelser. Til tider opløser meditation sig, fordi du er fortabt i et virvar af ukontrollerbare tanker, og til tider er du plaget, fordi der er en sløv tilstand uden nogen som helst klarhed. Disse og andre uforudsigelige oplevelser er tanke-stadier opdyrket siden begyndelsesløs tid, de utallige bølger af karmisk vind. Hvad der end opstår: Lad være med at tillægge ikke disse hændelser nogen særlig betydning; oprethold den naturlige tilstand og forbliv på stien, ligesom en person på en lang rejse, som ser både fornøjelige og farlige steder undervejs.

Tab ikke modet under oplevelse af den forvirring og uro, der måtte følge en mængde tanker, der blusser op som ild, når du ikke er fuldt trænet i denne praksis. Oprethold i stedet en ubrudt praksis ved at balancere fokus og afslapning. På den måde vil følelser af opnåelse og andre oplevelser gradvis opstå.

Ved dette punkt, generelt, stol på forskellen mellem årvågenhed og uvidenhed, oplevelsesgrund og sand væren, og almindelig bevidsthed og tidløs opmærksomhed (oprindelig vågenhed), som du genkender i din egen oplevelse gennem din lærers instruktioner. Når du praktiserer, bør du hovedsageligt arbejde med instruktionen om at lade ren væren klart opstå af sig selv, som tidløs årvågenhed, ved at lade almindelig bevidsthed hvile da dens opmærksomheds-natur naturligt er tilstede, ligesom vand bliver klart, når det ikke forstyrres. Denne instruktion bør betragtes som det vigtigste punkt. Forstærk ikke begrebsmæssig tænken med teoretiske spekulationer eller ved at analysere hvordan dine oplevelser kan justeres, for eksempel "er min meditation almindelig bevidsthed eller tidløs opmærksomhed?" da så både fredfyldt hvilen (shamatha) og indsigt (vipashana) vil blive noget forvrængede. Du bør heller ikke være afhængig af teoretisk bog-lærdom, som blot forøger tankevirksomhed.

Øvelsen består i, at fredfyldt hvilen, den stadige fortsættelse af opmærksomhed, idet du hviler i den naturlige strøm, og indsigt, viden, som genkender sin egen klarhed og tilstedeværen, forener sig af egen fremdrift. Når du stabiliserer denne praksis af viden, som er udifferentieret dvælen (hvilen) og indsigt, det vil sige tidløs naturligt strømmen og naturlig ren klarhed – naturlig tilstedeværende tidløs opmærksomhed (vågenhed) – vil en oplevet forståelse (virkeliggørelse) af Den Store Fuldstændiggørelse (Fuldkommenhed) (Dzogchen), opstå.

Dette er instruktionen om at dvæle i ligelighed – som i rummet.

Den ærværdige Saraha fortalte os, hvordan vi skulle placere opmærksomhed:

Giv fuldstændig slip på bekymringer og bekymren.

Hvil som et barn, fri fra bekymringer.

For at gøre de mundtlige instruktioner, som udpeger årvågenhed, til dine egne:

Hvis du fokuserer på din lærers ord og er flittig,

Så, når du har fået fat i den instruktion, som bringer dig ansigt til ansigt med opmærksomhed (rigpa):

Vil den årvågenhed, som er dig, uden tvivl opstå.

En naturligt tilstedeværende tidløs årvågenhed opstår, årvågenhed, der er oplevelsens rene væsen, som altid har været til i din oplevelse. Siden dette rene væsen ikke er forskelligt fra al oplevelses rene væsen, er det også den rene klarhed, som er, hvad du er.

Denne måde at lade opmærksomhed hvile naturligt og fastholde den årvågenhed som ved, hvad du er, som kender sindets essens eller ren væren, er en mundtlig instruktion, som opsummerer hundrede afgørende punkter i et. Dette er hvad du opretholder hele tiden.

Hvad er et tegn på fremgang? Om natten vinder ren klarhed fodfæste. Hvad er tegnene på, at du er på rette vej? Tiltro, medleven og visdom gror af sig selv. Hvordan opstår direkte oplevelse let, uden besvær? Du vil vide dette gennem din egen oplevelse. Hvorfor er denne vej dyb og hurtig? Uden tvivl, hvis du arbejder på denne praksis og hælder din energi ind i det, vil din direkte oplevelse være ligesom oplevelsen hos dem, som har engageret sig i denne eller lignende praksisser.

Hvad opnår du når du praktiserer din egen oplevelses rene klarhed? Når begrebsmæssig tænkens og forbundne mønstres falske forvrængninger naturligt er opklaret, og de to slags viden uden anstrengelse har udviklet sig, oplever du evig væren, og de tre dimensioner er naturligt tilstede.

Dybsindig

Hemmelig

Hellig

På den lykkevarslende tolvte dag i den anden måned i ildhestens år (6. april 1906) skrev Mipham Jampal Dorje denne praktiske vejleden med forståelige dharma udtryk, en dybdegående instruktion i overensstemmelse med all tidligere meditatørers oplevelser, til gavn for by-yogier, som ikke specielt ønsker at fordybe sig i generelle studier og overvejelser, men dog ønsker at træne i sinds-essens.

Lad det være dydigt.

Noter: To slags viden: Viden om, hvad ting er og hvordan & hvorfor de opstår.
Tre dimensioner: Tre kayaer (legemer), dharmakaya (naturlovslegemet, det absolutte, vores sande væsen), sambhogakaya (glædeslegemet, nyder sandheden, det absolutte), nirmanakaya (forvandlingslegemet, det fysiske legeme).

AT STOLE PÅ HJERTET

af Sosan Ganchi Zenji

至道無難 Den store vej er ikke vanskelig,
唯嫌揀擇 For de som er uden præferencer.
但莫憎愛 Når hverken had eller kærlighed er tilstede,
洞然明白 Viser den sig fuldt i al sin klarhed.

毫氂有差 En hårsbreddes forskel,
天地懸隔 Og himlen og jorden er adskilt.
欲得現前 Hvis du ønsker at se sandheden med dine egne øjne,
莫存順逆 Hav da ingen faste tanker hverken for eller imod den.

違順相爭 At sætte hvad du kan lide op imod, hvad du ikke kan lide.
是爲心病 Dette er sygdommen i hjertet.
不識玄旨 Når den dybe betydning ikke er forstået,
徒勞念靜 Er det umuligt at få fred i sindet.

圓同太虛 Den er perfekt ligesom det store verdensrum,
無欠無餘 Hvor intet mangler, intet er overflødigt.
良由取捨 Det er faktisk fordi vi udvælger,
所以不如 At vi ikke kan se ting som de er.

莫逐有緣 Søg ikke ydre forviklinger.
勿住空忍 Fortab dig ikke i indre tomhed.
一種平懷 Vær afklaret i alle tings enhed,
泯然自盡 Og dualisme forsvinder af sig selv.

止動歸止 Når du stræber efter at vinde ubevægelighed ved at forhindre bevægelse,
止更彌動 Vil den opnåede ubevægelighed altid være i bevægelse.
唯滯兩邊 Så længe du forbliver i bevægelse eller ubevægelighed,
寧知一種 Vil du aldrig erfare enhed.

一種不通 Og når enhed ikke er grundigt forstået,
兩處失功 Er forvirring vedligeholdt på to måder.
遣有沒有 Benægtelse af virkeligheden er bekræftelse af den,
從空背空 Og bekræftelse af tomheden er benægtelse af den.

多言多慮 Snakken og spekuleren -
轉不相應 Jo mere vi gør det, des mere er vi på afveje.
絶言絶慮 Væk derfor med snakken og spekuleren,
無處不通 Og der er intet sted, hvor vi ikke frit kan passere.

歸根得旨 Når vi vender tilbage til roden, opnår vi meningen.
隨照失宗 Når vi forfølger ydre objekter, mister vi kilden.
須臾返照 Det øjeblik vi opnår indre oplysning,
勝卻前空 Er denne verdens tomhed illumineret.

前空轉變 Omskiftelighederne der sker i en tom verden,
皆由妄見 Synes virkelig blot på grund af uvidenhed.
不用求眞 Ingen grund til at søge efter sandheden.
唯須息見 Ophør blot med at sætte pris på anskuelser.

二見不住 Forbliv ikke med dualisme.
愼莫追尋 Undgå omhyggeligt at forfølge den.
纔有是非 Så snart du har rigtigt og forkert,
紛然失心 Følger forvirring og hjertet er tabt.

二由一有 De to eksisterer på grund af den ene,
一亦莫守 Men fasthold ikke engang denne ene.
一心不生 Når dit hjerte ikke er forstyrret,
萬法無咎 Vil de ti tusinde ting være uskyldige.

無咎無法 Ingen skyld, og ingen ti tusinde ting.
不生不心 Ingen forstyrrelse, og intet sind.
能隨境滅 Ingen til at se den, ingen verden.
境逐能沈 Ingen verden, ingen til at se den.

境由能境 Objektet er et objekt for subjektet.
能由境能 Subjektet er et subjekt for objektet.
欲知兩段 Hvis du ønsker at kende disse to:
元是一空 De er oprindeligt én tomhed.

一空同兩 I én tomhed er de to ikke adskilte,
齊含萬象 Og hver indeholder i sig selv alle de utallige ting.
不見精麁 Når der ikke gøres forskel på groft og forfinet,
寧有偏黨 Hvordan kan en ensidig og fordomsfuld opfattelse opstå?

大道體寬 Den store vej er alt-omfavnende,
無易無難 Den er hverken nem eller vanskelig.
小見狐疑 De snævertsynede tvivler på dette,
轉急轉遲 Hastende sig fremad, går det trægt.

執之失度 Klamren holder sig aldrig inden for grænser,
必入邪路 Den er sikker på at gå den forkerte vej.
放之自然 Slap af, og tingene er, som de nu måtte være,
體無去住 Mens essensen hverken forsvinder eller forbliver.

任性合道 Adlyd tingenes væsen, og du er i samklang med vejen,
逍遙絶惱 Rolig og nem og uforstyrret.
繫念乖眞 Men når dine tanker er bundet, vender du dig bort fra sandheden,
昏沈不好 De bliver tungere og mere uklare og er slet ikke sunde.

不好勞神　Når de ikke er sunde, er hjertet plaget.
何用疏親　Hvad nytter det så at være partisk og ensidig?
欲取一乘　Hvis du ønsker at følge forløbet af det ene fartøj,
勿惡六塵　Vær ikke forudindtaget imod de seks sanse-verdner.

六塵不惡　Når du ikke er forudindtaget mod de seks sanse-verdner,
還同正覺　Er du ét med oplysningen.
智者無爲　Den vise er u-aktiv,
愚人自縛　Mens de uvidende binder sig selv.

法無異法　Mens der i Dharmaen selv ikke er nogen udskillelse,
妄自愛著　Knytter de uvidende sig til det de foretrækker.
將心用心　At bruge sindet til at søge sindet -
豈非大錯　Er dette ikke den største af alle selvmodsigelser?

迷生寂亂　Af uvidenhed opstår hvile og uro.
悟無好惡　Opvågnen ødelægger sympatier og antipatier.
一切二邊　Alle former for dualisme
妄自斟酌　Er udtænkt af de uvidende selv.

夢幻虛華　Drømmebilleder, illusioner og blomster i luften:
何勞把捉　Hvorfor besvære os med at forsøge at fastholde dem?
得失是非　Gevinst og tab, rigtigt og forkert -
一時放卻　Væk med dem én gang for alle!

眼若不睡　Hvis et øje aldrig falder i søvn,
諸夢自除　Vil alle drømme af sig selv ophøre.
心若不異　Hvis hjertet ikke diskriminerer,
萬法一如　Er alle ting af én sådanhed.

一如體玄 Når én sådanheds dybe mysterium er fattet,
兀爾忘虛 Glemmer vi pludseligt de eksterne forviklinger.
萬法齊觀 Når de ti tusind ting ses i deres enshed,
歸復自然 Vender vi tilbage til vores oprindelige natur.

泯其所以 Glem tings årsag,
不可方比 Og vi opnår en tilstand hinsides sammenlignelighed:
止動無動 Bevægelse stoppes, og der er ingen bevægelse,
動止無止 Og hvilen sat i bevægelse er ingen hvilen
兩既不成 Når dualisme ikke er mere,
一何有爾 Kan selv énhed ikke eksistere.

究竟窮極 Den endelige afslutning af ting, hvor de ikke kan komme videre,
不存軌則 Er ikke bundet af regler og beskrivelser.
契心平等 Hjertet i harmoni med upartiskhed
所作俱息 Afbryder handlingers virkning.
狐疑盡淨 Tvivl og ubeslutsomhed er helt afskaffet,
正信調直 Og den rette tiltro er rettet;

一切不留 Der er intet efterladt,
無可記憶 Intet er husket,
虛明自照 Alt er tomt, klart og selvoplysende.
不勞心力 Der er ingen anstrengelse, ingen spild af energi -
非思量處 Det er her tænken er ubrugelig,
識情難測 Det er her fantasien ikke rækker.

眞如法界 I sand sådanheds verden
無他無自 Er der hverken selv eller andet.
要急相應 Når overensstemmelse omgående søges,
唯言不二 Kan vi kun sige, ”ikke to”.

不二皆同 Idet alt er "ikke to", er alle lige.
無不包容 Alt, hvad der er, er inkluderet i det.
十方智者 De kloge i de ti retninger,
皆入此宗 Er alle indgået i denne herkomst.

宗非促延 Denne sandhed er hinsides indskrænken og udvidelse i tid og rum.
一念萬年 For den er ét øjeblik ti tusinde år.
無在不在 Hvad enten vi ser det eller ej,
十方目前 Åbenbarer den sig overalt i de ti retninger.

極小同大 Uendeligt små ting er så store som store ting kan være,
忘絶境界 For her er grænser og adskillelse glemt.
極大同小 Uendeligt store ting er så små som små ting kan være,
不見邊表 For objektive grænser kan ikke ses.

有即是無 Hvad der er, er det samme som hvad der ikke er.
無即是有 Hvad der ikke er, er det samme som hvad der er.
若不如此 Hvis du ikke kan erkende dette,
必不相守 Vær sikker på du ikke forbliver dér.

一即一切 Én er alle,
一切即一 Alle er én -
但能如是 Hvis blot dette er erkendt,
何慮不畢 Bekymrer du dig ikke mere om ikke at være perfekt!

信心不二 Hjertet og tillid er ikke to,
不二信心 Og udelt er det tillidsfulde hjerte,
言語道斷 Det er her ord fejler,
非去來今 For der er ingen fortid, ingen nutid, ingen fremtid.

OM ZEN

af Daio Kokushi (Nampo Shomyo Zenji)

Der er en virkelighed, endog fra før himmel og jord var skabt;
Faktisk har den ingen form, langt mindre et navn;
Øjne har ikke mulighed for se den.
Den har ingen stemme, som ørerne kan opdage;
At kalde den Sind eller Buddha strider imod dens væsen,
For så bliver den som en blomst vi forestiller os i luften;
Den er ikke Sind, heller ikke Buddha;
Fuldstændig stille, og alligevel oplysende på mystisk vis,
Den lader sig kun opfatte af de klarøjede.
Den er Dharma, i sandhed hinsides form og lyd;
Den er Tao, som ikke har noget at gøre med ord.

Idet han ønskede at forlede de blinde,
Lod Buddha legende ord undslippe sin gyldne mund;
Himmel og jord er siden fyldt med indfiltrede tornebuske.

Oh, mine gode, værdige venner samlet her,
Hvis I ønsker at lytte til Dharmaens tordnende stemme,
Udtøm da jeres ord, tøm jeres tanker,
For så kan I komme til at erkende denne Ene Essens.

RINZAI ROKU

Udvalgte udtalelser af mester Rinzai

Mesteren sagde, “Nu til dags, de af jer, som praktiserer Buddha-Dharma behøver sand indsigt. Hvis I får sand indsigt, er I ikke længere fordærvet af liv og død, og I kan frit gå eller blive. Selv om I ikke opsøger det der er fremragende, vil det, der er fremragende, komme til jer, helt af sig selv.

I som følger vejen: Fremtrædende lærere fra gammel tid havde deres egne metoder til at frigøre folk. Med hensyn til denne bjergmunk: Alt jeg ønsker at udpege for jer er, at I ikke må lade jer forvirre af andre. Hvis I ønsker at handle, så gør det blot. Lad jer aldrig skræmme.

I elever nutildags fatter det ikke. Hvad er sygdommen? Sygdommen er mangel på selvtillid. Hvis jeres tro er utilstrækkelig, vil I blive ved med at vandre forvirret rundt. Uanset omstændighederne, vil I være kontrolleret og ført rundt af andre. I vil ikke finde frihed.

I munke, hvis I er i stand til at stoppe jeres konstant søgende sind, vil der ikke være forskel mellem jer og Buddhaer og Patriarker. Kunne I tænke jer at kende Buddhaerne og Patriarkerne? De er ikke andre end I, som lige nu lytter til Dharmaen her foran mig. Ikke desto mindre, har I elever af Dharma ikke tilstrækkelig selvtillid, og søger derfor udenfor. Selv om I fandt noget gennem udvortes søgen, ville det ikke være andet end beskrivelser i ord og bogstaver. I vil aldrig få fat i patriarkernes vitale ånd på den måde. Tag ikke fejl, dydige zen elever. Hvis I ikke møder den lige her, lige nu, vil I vandre om i de tre verdner i ti kalpaer og tusindvis af liv, og I vil blive ført af jeres præferencer, og således blive genfødt i maven på æsler og køer.

DIAMANT SUTRAEN

Belæringen om
Visdommens Perfektions Diamant

1 Grunden og årsagen til forsamlingen.
Således har jeg hørt: Engang opholdt Buddha sig i Jeta parken, nær Sravasti, med et følge på tolv hundrede og halvtreds munke.

En dag ved middagstid, tog den Verdensærede sin klædning på og begav sig med tiggerskål i hånden ind til den store by Sravasti for at tigge føde ifølge traditionen. Efter at have tigget fra dør til dør, vendte han tilbage til sit tilholdssted og indtog sit måltid. Da han havde spist, lagde han sin klædning og tiggerskål væk, vaskede sine fødder, ordnede sit sæde og satte sig.

2 Subhuti anmoder om instruktion.
Iblandt forsamlingen var den ærværdige Subhuti. Han rejste sig, blottede sin højre skulder, knælede på sit højre knæ, løftede respektfuldt sine hænder samlet og sagde til Buddha: "Verdensærede, det er meget værdifuldt, som Tathagataen er opmærksom på alle opvågnede væsner (Bodhisattvaerne), og hvor godt han beskytter og belærer dem. Verdensærede, hvis retskafne mænd og kvinder ønsker at erkende den højeste oplysning, hvorledes bør de forholde sig, og hvordan bør de kontrollere deres tanker?”

Buddha sagde: "Udmærket Subhuti! Som du siger, beskytter, opmuntrer og belærer Tathagataen Bodhisattvaerne. Lyt nu og tag mine ord til hjerte. Jeg vil nu forklare dig, hvorledes retskafne mænd og kvinder, der ønsker at erkende den højeste oplysning, bør dvæle, og hvorledes de bør kontrollere deres tanker."

Subhuti svarede: "Verdensærede, med glædelig forventning længes vi efter at høre."

3 Den store vejs sande lære.
Buddha sagde: "Subhuti, alle Bodhisattvaer og Mahasattvaer bør tæmme deres sind på følgende måde. Alle levende væsner, hvad enten de er født fra æg, livmoder, ved fugtighed eller ved transformation, hvad enten de er

med eller uden form, hvad enten de er i en tilstand med tanker eller er fri for tankevirksomhed, eller fuldstændig fri fra alle tankeverdner - alle bliver de ført af mig til frit og ubegrænset Nirvana. Men, selvom umådelige utalte skarer af væsner således er blevet befriet, er i virkeligheden ikke et eneste væsen blevet befriet. Hvorfor er det således Subhuti? Fordi, hvis en Bodhisattva stadig nærer ideen om et ego, en personlighed, et væsen eller et adskilt individ, da er han ingen sand Bodhisattva.

4 Den vidunderlige praksis af ikke-tilknytning.
Yderligere, Subhuti, bør en Bodhisattvas sind ikke dvæle ved noget som helst, når han praktiserer velgørenhed. Han bør praktisere velgørenhed uden hensyn til form, uden hensyn til lyd, lugt, berøring, smag eller andre kvaliteter. Således skal en Bodhisattva praktisere velgørenhed uden tilknytninger. Hvorfor? Fordi, hvis en Bodhisattvas praktiserer velgørenhed uden at bære på ideer om form, vil hans fortjeneste være ufattelig.

Subhuti, hvad tror du? Kan du måle den mængde af rum, der strækker sig mod øst?"

"Nej, Verdensærede, det kan jeg ikke."

"Subhuti, kan du så måle al rummet mod syd, vest og nord, eller i nogen anden retning, herunder nadir og zenit?"

"Nej, Verdensærede, det kan jeg ikke."

"Nuvel Subhuti, ligeså umålelig er en Bodhisattvas fortjeneste, når han praktiserer velgørenhed uden nogen tilknytning til udseende. Subhuti, Bodhisattvaer bør være standhaftige i klart at følge denne instruktion."

5 Sandhedens betydning og virkelighedens ankomst.
"Subhuti, hvad tror du? Kan Tathagataen genkendes ved hjælp af legemlige kendetegn?"

"Nej, Verdensærede, Tathagataen kan ikke genkendes ved hjælp af legemlige kendetegn. Hvorfor? Fordi Tathagataen har sagt, at legemlige kendetegn, ikke i virkeligheden er legemlige kendetegn."

Buddha sagde: " Subhuti, hvor som helst der er materielle kendetegn, er der vrangforestillinger, men de som forstår, at kendetegn i virkeligheden ikke er kendetegn, ser Tathagataen."

6 Sand tros sjældenhed.
Subhuti sagde til Buddha: "Verdensærede, vil der altid være nogle, som opfatter disse sandheder, efter de har hørt dem?"

Buddha sagde: "Subhuti, tal ikke sådan. I de sidste fem hundrede år efter Tathagataens Nirvana, vil der være folk med selvkontrol, baseret på fortjenstfuldhed, som vil fatte sandheden i disse belæringer. Men du må forstå, at disse mennesker ikke har styrket grundlaget for deres fortjenstfuldhed under bare en, to, tre eller fire Buddhaer, men under utallige Buddhaer, og deres dyder er af alle slags. Disse mennesker, idet de hører disse belæringer, vil øjeblikkeligt have indsigt ind i disses sandhed, og Tathagataen vil genkende dem. Han vil klart opfatte alle der har et rent hjerte og størrelsen af deres moralske kvaliteter. Hvorfor? Fordi de vil ikke falde tilbage til at have begreber om et ego, en personlighed, et væsen eller et adskilt individ. De vil ikke falde tilbage til ideer om iboende egenskaber, heller ikke om, at ting ikke har iboende egenskaber.

Hvorfor? Fordi, hvis disse mennesker tillod deres sind at gribe og fastholde noget som helst, vil de værne om ideer om et ego, en personlighed, et væsen og et adskilt individ. Og hvis de fastholdt ideen om, at ting havde iboende kvaliteter, ville de stadig værne om ideer om et ego, en personlighed, et væsen og et adskilt individ. Derfor bør man ikke fastholde, at ting har eller ikke har iboende egenskaber.

Dette er grunden til, at Tathagataen altid siger: ”Disse belæringer (denne Dharma) er som en tømmerflåde.” Buddhas belæringer skal kastes væk; hvor meget mere så ikke falske belæringer.”

7 Ingen realisering og ingen belæringer.
"Subhuti, hvad tror du? Har Tathagataen erkendt (virkeliggjort) den højeste perfekte oplysning? Giver Tathagataen sådanne belæringer?"

Subhuti svarede: "Som jeg forstår meningen med Buddhas belæringer, er der ikke nogen formulering af sandheden, der kan kaldes 'den højeste perfekte oplysning', og Tathagataen belærer heller ikke om noget sådant. Hvorfor? Fordi Tathagataen har sagt, at sandheden kan hverken forstås eller forklares, den er hinsides eksistens og ikke-eksistens.

Derfor er det, at dette uformulerbare princip er grundlaget for alle vise mænds forskellige systemer ('skoler')."

8 Opståen fra belæringerne.
"Subhuti, hvad tror du? Hvis nogen fyldte tre tusinde galakser med de syv skatte og gav dem alle væk som almisser, ville hans fortjeneste blive stor?"

Subhuti svarede: "I sandhed stor, Verdensærede. Hvorfor? Fordi fortjeneste er det samme som ikke-fortjeneste betegner Tathagaten fortjenesten som mægtig".

Buddha sagde: "Subhuti, hvis på den anden side nogen fattede og huskede blot fire linier af denne sutra og udlagde og forklarede dem for andre, ville hans fortjeneste være større. Hvorfor? Fordi, Subhuti, fra *Dette* udspringer alle Buddhaer og deres belæringer.

Subhuti, de såkaldte Buddhaer og belæringer, er i virkeligheden ikke Buddhaer og belæringer."

9 Én form, ingen form.
"Subhuti, hvad tror du? Vil en, som er trådt ind i det hellige livs strøm, sige til sig selv: 'Jeg er trådt ind i strømmen'?"

Subhuti svarede: "Nej, Verdensærede. Hvorfor? Fordi 'strøm indtræden' er blot en betegnelse. Der er ingen strøm indtræden. Disciplen, der ikke lader sig forvirre af hverken form, lyd, lugt, smag, berøring eller nogen anden kvalitet, kaldes en, der er trådt ind i strømmen."

"Subhuti, hvad tror du? Vil en, der kun har en genfødsel tilbage sige til sig selv: 'Jeg har opnået frugten af kun at skulle fødes én gang til'?"

Subhuti sagde: "Nej, Verdensærede. Hvorfor? Fordi at kun have én genfødsel tilbage er blot en betegnelse. Der er ingen bortgåen eller kommen ind i tilværelse. Det er derfor én, der har erkendt og virkeliggjort dette, kaldes 'én, der kun har én genfødsel tilbage'."

"Subhuti, hvad tror du? Siger en ærværdig, som aldrig mere skal genfødes som dødelig, til sig selv: 'Jeg har opnået frugten af aldrig mere at skulle vende tilbage'?"

Subhuti svarede: "Nej, Verdensærede. Hvorfor? Fordi 'en ærværdig, som aldrig mere vender tilbage', er blot en betegnelse. Der er ikke nogen ikke-venden tilbage, derfor betegnelsen 'en ærværdig der aldrig mere vender tilbage'."

"Subhuti, hvad tror du? Siger en hellig til sig selv: 'Jeg har opnået perfekt oplysning'?"
Subhuti sagde: "Nej, Verdensærede. Hvorfor? Fordi der ikke findes en tilstand, der hedder 'perfekt oplysning'. Verdensærede, hvis en hellig person tænker: 'Jeg har opnået perfekt oplysning', så vil han jo gribe og fastholde ideen om et ego, en personlighed, et væsen og et adskilt individ. Verdensærede, da Buddha erklærede, at jeg er forrest blandt hellige i korrekt samadhi, i at opholde mig afsondret og er fri fra alle lidenskaber, sagde jeg ikke til mig selv: 'Jeg er forrest blandt hellige i korrekt samadhi, i at opholde mig afsondret og er fri fra alle lidenskaber', Verdensærede, hvis jeg havde sagt til mig selv: 'Sådan er jeg', ville den Verdensærede ikke have sagt: 'Subhuti finder lykke i at dvæle i fred i tilbagetrukkethed i skoven'. Det er fordi, at Subhuti ikke dvæler nogetsteds. Derfor kaldes han 'Subhuti, lykkelige dvæler i fred i tilbagetrukkethed i skoven'."

10 Forvandlingen af et rent land.
Buddha sagde: "Subhuti, hvad tror du? For længe siden, da Tathagataen var hos Dipankara Buddha, havde han da en vis grad af opnåelse i Dharmaen?"

"Nej Verdensærede. Da Tathagaten var hos Dipankara Buddha, havde han ingen grad af opnåelse i Dharmaen."

"Subhuti, hvad tror du? Etablerer en Bodhisattva majestætiske Buddhalande"?

"Nej, Verdensærede, Hvorfor? Fordi etablering af majestætiske Buddhalande ikke er majestætisk etablering; dette er blot en betegnelse."

Så fortsatte Buddha: "Derfor, Subhuti, bør alle Bodhisattvaer, små såvel som store, udvikle et rent, klart sind, der ikke gør sig afhængigt af lyd, smag, berøring, lugt, eller nogen anden kvalitet. En Bodhisattva bør udvikle et sind, der ikke dvæler ved noget som helst; således bør han etablere det.

Subhuti, dette kan sammenlignes med et menneskeligt legeme så stort som Sumeru bjerget. Hvad mener du, ville et sådant legeme være mægtigt?"

"I sandhed mægtigt, Verdensærede. Det er, fordi Buddha har forklaret, at intet legeme er et mægtigt legeme."

11 Fortrinene ved uskabt fortjeneste.
"Subhuti, hvis der var lige så mange Gangesfloder, som der er sandkorn i Ganges, ville alle deres sandkorn være mange?"

Subhuti sagde: "I sandhed mange, Verdensærede! Selv Gangesfloderne ville være utallige, hvor mange flere ville så ikke deres sandkorn være?"

"Subhuti, jeg vil fortælle dig en sandhed. Hvis en retskaffen mand eller kvinde fyldte tre tusinde galakser af verdner med de syv skatte for hvert sandkorn i alle disse Gangesfloder og gav alt væk i almisser, ville hans fortjeneste være stor?"

Subhuti svarede: "I sandhed stor, Verdensærede!"

Så sagde Buddha: "Ikke desto mindre, Subhuti, hvis en retskaffen mand eller kvinde studerer denne sutra, blot længe nok til at fatte fire linier og udlægger og forklarer dem til andre, så ville en sådan persons fortjeneste være langt større."

12 Iæreholdelse af den sande lære.
"Yderligere, Subhuti, bør du vide, at hvorsomhelst denne sutra bliver bekendtgjort med bare så lidt som fire linier, det sted bør æres af alle væsner fra alle gude- menneske- og titan-verdner, som om det er en buddhistisk helligdom. Hvor meget mere velsignet er ikke en, der er i stand til at modtage og huske, læse og fremsige hele sutraen!

Subhuti, du skal vide, at sådan en opnår den højeste og mest vidunderlige sandhed. Hvorsomhelst denne hellige sutra måtte blive forkyndt, skal du forholde dig, som var du i nærheden af Buddha og hans ærværdige disciple."

13 Holden fast ved den sande lære.
Så spurgte Subhuti Buddha: "Verdensærede, under hvilket navn skal denne sutra kendes, og hvorledes skal vi modtage og huske den?"

Buddha sagde: "Denne sutra skal kendes som 'Visdommens Perfektions Diamant'. Således skal du modtage og huske den. Og hvordan det Subhuti? Det, som Buddha erklærer som visdommens perfektion, er i virkeligheden ikke visdommens perfektion; det er blot den betegnelse givet til den. Subhuti, hvad tror du? Har Tathagataen en lære han underviser i?"

Subhuti sagde: "Verdensærede, Tathagataen har intet at undervise i."

"Subhuti, hvad tror du? Ville der være mange støvpartikler i tre tusinde galakser af verdner?"

Subhuti svarede: "Sandelig mange, Verdensærede!"

"Subhuti, Tathagataen siger, at disse støvpartikler ikke er virkelige, derfor kaldes de støvpartikler. Tathagataen erklærer, at en verden ikke er en verden, den kaldes blot en verden."

"Subhuti, hvad tror du? Kan Tathagataen genkendes ved hjælp af en perfekt persons 32 fysiske karakteristika?"

"Nej, Verdensærede, Tathagataen kan ikke genkendes ved hjælp af dem. Hvorfor? Fordi Tathagataen siger, at de ikke er virkelige, men blot kaldes de 32 karakteristika."

"Subhuti, hvis på den ene side, en retskaffen mand eller kvinde ofrer lige så mange liv som der er sandkorn i Ganges, og på den anden side, hvis nogen modtager og husker blot fire linier af denne sutra og udlægger og forklarer den for andre, vil den sidstes fortjeneste være større."

14 Adskillelse fra form.

Efter at have hørt denne sutra, forstod Subhuti dens dybe mening og var rørt til tårer. Han sagde til Buddha: "Hvor vidunderligt, Verdensærede, at du giver disse dybsindige belæringer. Aldrig har jeg hørt sådan en fremstilling siden mit visdomsøje for længe siden først blev åbnet. Verdensærede, hvis nogen lytter til disse belæringer med åbenhed, med et rent og klart sind, vil en forestilling om fundamental virkelighed straks fødes. Vi bør vide, at en sådan person vil opnå den mest værdifulde fortjeneste. Verdensærede, sådan en opfattelse af fundamental virkelighed er ikke en særskilt forestilling, derfor siger Tathagataen, at 'opfattelse af fundamental virkelighed' blot er en betegnelse.

Verdensærede, efter at have lyttet til denne belæring, modtager og husker jeg den med tillid og forståelse. Dette er ikke svært for mig, men i den kommende tid, den sidste femhundredeårs periode, hvis der er mænd eller kvinder, der har chancen for at høre denne belæring, som modtager og husker den med tillid og forståelse, vil disse personer være yderst bemærkelsesværdige. Hvorfor? Fordi de vil være fri fra forestillingen om et ego, fri fra forestillingen om en personlighed, fri fra forestillingen om et væsen og fri fra forestillingen om et adskilt individ. Hvorfor? Fordi at udskille et ego er fejlagtigt. Ligeledes er udskillelsen af en personlighed, et væsen og et adskilt individ fejlagtigt. Hvorfor? Fordi de, som har lagt alle fænomeners kendetegn bag sig, kaldes oplyste."

Buddha sagde: "Ja, sådan er det Subhuti, netop således. Hvemsomhelst, som lytter til disse belæringer og hverken er fyldt med ængstelse, frygt eller skræk, er en bemærkelsesværdig person. Hvorfor? Fordi, Subhuti, som Tathagataen siger, den største fuldkommenhed ikke er den største fuldkommenhed, men kaldes blot den største fuldkommenhed.

Subhuti, det Tathagataen kalder fuldkommengørelse af tålmodighed er ikke den sande fuldkommengørelse af tålmodighed, men blot en betegnelse. Hvorfor? Fordi, Subhuti, da mit legeme i et tidligere liv blev skamferet af Rajaen af Kalinga, havde jeg ikke nogen opfattelse af et ego, en personlighed, et væsen eller et adskilt individ. Hvorfor? Fordi, hvis jeg, da min krop tidligere blev sønderlemmet, stadig havde haft opfattelsen af et ego, en personlighed, et væsen eller et adskildt individ, ville jeg være blevet optændt af følelser af vrede og had. Subhuti, jeg husker også, at førhen i et af mine tidligere femhundrede jordiske liv, var jeg en asket, der praktiserede tålmodighed, og selv da havde jeg ingen opfattelse af et ego, en personlighed, et væsen eller et adskilt individ. Derfor, Subhuti, bør Bodhisattvaer efterlade alle fænomeners kendetegn og vække tanken om den højeste oplysning ved ikke at tillade deres sind at at være afhængigt af forestillinger vækket af lyd, lugt, smag, berøring eller andre kvaliteter. Deres sind bør holdes uafhængigt af de tanker, der opstår i det. Hvis sindet er afhængigt af noget som helst, har det intet sikkert tilholdssted. Det er derfor, at Buddha siger, at Bodhisattvaers sind ikke bør handle ud fra tings udseende under udøvelse af velgørenhed. Subhuti, idet Bodhisattvaer praktiserer velgørenhed, bør de gøre det på denne måde. Ligesom Tathagataen erklærer, at kendetegn ikke er kendetegn, erklærer han også, at levende væsner i virkeligheden ikke er levende væsner.

Subhuti, Tathagataen er ham som erklærer sandheden, det, der er grundlæggende, ham som erklærer det, der er endegyldigt. Han erklærer ikke det, som er misvisende eller urigtigt. Subhuti, den sandhed, som Tathagataen har opnået, er hverken virkelig eller uvirkelig.

Subhuti, hvis en Bodhisattva praktiserer gavmildhed med et sind, som er optaget af form, er han som en mand, der famler blindt rundt i mørke, men hvis en Bodhisattva praktiserer gavmildhed med et sind fri af form, er han som en mand med åbne øjne i det klare morgenlys, for hvem alle typer af genstande er klart synlige.

Subhuti, hvis der er gode mænd og kvinder i tiden, som kommer, der er i stand til at modtage, huske og recitere denne sutra, så vil Tathagataen ved hjælp af sin Buddhavisdom klart genkende dem, og hver og en af disse personer vil bringe umålelige fortjenester til modenhed."

15 Fortjenesten ved at forstå denne belæring.

"Subhuti, hvis på den ene side, en retskaffen mand eller kvinde om morgenen udfører lige så mange selvfornægtende gavmilde handlinger, som der er sandkorn i Ganges, og udfører igen om middagen lige så mange og igen om aftenen, og fortsætter med det gennem utallige tidsaldre, og hvis der, på den anden side, er en person, som, efter at have lyttet til disse belæringer, ikke afviser dem, vil denne sidste være mere velsignet. Men det kan ikke sammenlignes med én, som skriver dem ned, modtager dem, bevarer dem og forklarer dem for andre.

Subhuti, vi kan opsummere dette ved at sige, at vi hverken kan forestille os eller vurdere den fulde værdi af disse belæringer, ej heller kan vi fastslå nogen grænse for den. Tathagataen har erklæret disse belæringer til gavn for indviede i den højeste vej. Enhver, som kan studere dem, recitere dem og udbrede dem i andre lande, vil helt klart blive opfattet af Tathagataen, og vil opnå fuldbyrdelse af fortjeneste hinsides beregning – ubegrænset, ufattelige. I ethvert tilfælde, vil en sådan person være eksempel på fuldkommen uforlignelig oplysning. Hvorfor? Fordi, Subhuti, de, som er tilfredse med begrænsede doktriner, der indeholder begreber om et ego, en personlighed, et væsen og et adskilt individ, vil ikke være i stand til acceptere, modtage, studere, recitere og åbent forklare disse belæringer.

Subhuti, hvorsomhelst disse belæringer findes, bør hele verdenen af himmelske væsner, mennesker og asuraer ofre tilbedelse, for du skal vide, at et sådant sted er helligt som en helligdom, og bør æres af alle med ceremonielle knæfald og rundgang (circumambulationer) og ofring af blomster og røgelse."

16 Evnen til at vaske karmiske hindringer væk.

"Yderligere, Subhuti, hvis en retskaffen mand eller kvinde, som modtager, husker og reciterer denne sutra skulle blive foragtet, vil deres uheldige skæbne være det uundgåelige resultat af negative handlinger begået i tidligere jordiske liv. På grund af deres nuværende uheldige skæbne, vil virkningen af tidligere negative handlinger blive neutraliseret, og de vil være i stand til at opnå fuldkommen uforlignelig oplysning.

Subhuti, jeg husker, at i de forgangne utallige æoner, før Dipankaras ankomst, mødte jeg 84.000 myriader af milliarder af Buddhaer, og jeg ofrede til alle disse Buddhaer og tjente dem uden den mindste fejl. Ikke desto mindre, hvis nogen er i stand til at modtage, huske, studere og recitere denne belæring i den sidste femhundredeårs periode, vil hans fortjeneste langt overgå min, da jeg tjente alle disse Buddhaer, for min kan ikke regnes for en hundrededel, end ikke en tusindedel, en titusindedel eller en hundredetusindedel deraf. Sandelig, sådan en sammenligning er slet ikke mulig!

Subhuti, hvis jeg fuldt skulle detaljere den fortjeneste, som disse retskafne mænd eller kvinder, der modtager, husker, studerer og reciterer denne belæring i den sidste periode, ville mine tilhørerer blive fyldt med tvivl, og ville blive mistænkelige og ikke tro på Buddhas lære. Subhuti, denne belæring er ufattelig og usammenlignelig, og ligeledes er frugten af dens belønning ufattelig."

17 Intet selv når alt kommer til alt.

Da spurgte Subhuti: "Verdensærede, hvis en retskaffen mand eller kvinde ønsker at virkeliggøre uforlignelig oplysning, hvorledes bør de dvæle og hvordan skal de kontrollere deres tanker?"

Buddha sagde til Subhuti: "En retskaffen mand eller kvinde, som ønsker at virkeliggøre uforlignelig oplysning, skal have denne holdning: 'Jeg må befri alle levende væsner, og dog når alle er blevet befriet, er der i sandhed ingen der er blevet befriet'. Hvorfor? Fordi, Subhuti, hvis en Bodhisattva klynger sig til ideen om et ego, en personlighed, et væsen og et adskilt individ, er han ingen sand Bodhisattva. Og hvorfor? Fordi, Subhuti, der er i virkeligheden ikke en formel, der fører til virkeliggørelse af uforlignelig oplysning.

Subhuti, hvad tror du? Da Tathagataen var hos Dipankara, havde han nogen formel, ved hvis hjælp han opnåede uforlignelig oplysning?"

"Nej Verdensærede. Som jeg forstår meningen af Buddhas belæring: da han var hos Dipankara Buddha, havde han ingen formel, ved hvilken han opnåede uforlignelig oplysning."

Buddha sagde: "Netop, Subhuti, netop; der var faktisk ingen formel, ved hvilken Tathagataen opnåede uforlignelig oplysning. Subhuti, hvis der havde været nogen form for formel, ville Dipankara Buddha ikke have forudsagt: 'En gang i fremtiden vil du blive en Buddha ved navn Shakyamuni.' Men Dipankara Buddha forudså netop dette, fordi der faktisk ikke er nogen formel for virkeliggørelse af uforlignelig oplysning. Tathagata er et begreb, der omfatter alle formler. Hvis nogen stadig siger, at Tathagataen opnåede uforlignelig oplysning, vil jeg sige dig Subhuti, der er ingen belæringer, ved hvis hjælp Buddha opnåede det. Subhuti, grundlaget for Tathagataens oplysning er fuldstændig hinsides; den er hverken virkelig eller uvirkelig. Derfor siger Tathagataen, at hele verdenen af formler i virkeligheden ikke er sådan, den kaldes blot 'verdner af formler'.

Subhuti, forestil dig, at der er en mand, hvis legeme er gigantisk."

Subhuti sagde: "Den Verdensærede har erklæret, at et sådant legeme ikke er gigantisk, det kaldes blot et gigantisk legeme."

"Subhuti, på samme måde, hvis en Bodhisattva siger: 'Jeg vil befri alle levende væsner', kan han ikke med sandhed kaldes en Bodhisattva. Hvorfor? Fordi Subhuti, der findes virkeligt ikke en sådan tilstand, der kaldes Bodhisattva-skab. Buddha har belært, at alle ting er uden selv-hed, uden personlighed, uden ego, uden adskilt individ. Subhuti, hvis en Bodhisattva erklærer: 'Jeg vil fremkalde majestætiske Buddhalande', så kald ham ikke en Bodhisattva, for 'fremkaldelse af majestætiske Buddhalande' er i virkeligheden ikke noget sådant, men har blot den betegnelse.

Subhuti, en Bodhisattva, som er fuldstændig fri af nogen forestilling om adskilt selv-hed, kan i sandhed kaldes en Bodhisattva."

18 Ét legeme, én vision.
"Subhuti, hvad tror du? Har Tathagataen menneskeøjne?"

"Ja, Verdensærede, Tathagataen har menneskeøjne."

"Subhuti, hvad tror du? Har Tathagataen guddommelige øjne?"

"Ja, Verdensærede, Tathagataen har guddommelige Øjne."

"Subhuti, hvad tror du? Har Tathagataen visdomsøjne?"

"Ja, Verdensærede, Tathagataen har visdomsøjne."

"Subhuti, hvad tror du? Har Tathagataen Dharma-øjne?"

"Ja, Verdensærede, Tathagataen har Dharma-øjne."

"Subhuti, hvad tror du? Har Tathagataen Buddha-øjne?"

"Ja, Verdensærede, Tathagataen har Buddha-øjne."

"Subhuti, hvad tror du? Siger Tathagataen at sandkornene i Ganges er sandkorn?"

"Ja, Verdensærede, Tathagataen siger, at de er sandkorn."

"Subhuti, hvis der var lige så mange Ganges floder som der er sandkorn i Ganges, og hvis der var et buddha-land for hvert sandkorn i alle disse floder, ville disse buddha-lande være mange?"

"Sandelig mange Verdensærede."

Buddha sagde: "Hvor mange levende væsner, der end er i alle disse verdner, selv om de har mange forskellige sind, forstår Tathagataen dem alle. Hvorfor? Fordi disse sind, som Tathagataen taler om, ikke er sind, men blot kaldes sind. Og hvorfor? Fordi, Subhuti, det er umuligt at fastholde det fortidige sind, det er umuligt at holde fast i det nutidige sind, og det er umuligt at fatte det fremtidige sind."

19 Læren som gennemtrænger virkeligheden.
"Subhuti, hvad tror du? Hvis nogen fyldte tre tusinde galakser med de syv skatte og gav alt væk i godgørenhedsgaver, ville denne person høste stor fortjeneste?"

"Ja, Verdensærede, giveren ville høste stor fortjeneste."

"Subhuti, hvis fortjenesten var virkelig, ville Tathagataen ikke sige, at den var stor, men fordi den er uden grundlag, karakteriserer Tathagataen den som stor."

20 Hinsides form, hinsides udseende.
"Subhuti, hvad tror du? Kan Buddha opfattes ved hjælp af sit perfekte fysiske legeme?"

"Nej, Verdensærede, Tathagaten kan ikke opfattes ved hjælp af sit perfekte fysiske legeme. Hvorfor? Fordi Buddha siger, at et perfekt fysisk legeme ikke er et sådant. Det kaldes blot et perfekt fysisk legeme."

"Subhuti, hvad tror du? Kan Tathagataen opfattes ved hjælp af nogen iagttagelige kendetegn?"

"Nej, Verdensærede, Tathagataen kan ikke opfattes ved hjælp af nogen iagttagelige kendetegn, fordi Tathagataen siger, at iagttagelige kendetegn ikke er sådanne, men blot kaldes iagttagelige kendetegn."

21 Ikke undervise, hvad man underviser i.
"Subhuti, sig ikke at Tathagataen tænker: 'Jeg må fremlægge sandheden'; hav ikke en sådan tanke. Hvorfor? Fordi, hvis nogen siger således, så vil han tilsmudse Buddha og være ude af stand til at forstå mine belæringer. Subhuti, med hensyn til at fremlægger sandheden: Sandheden kan ikke bekendtgøres, så en fremlæggelse af sandheden er blot en betegnelse."

Da sagde den vise Subhuti til Buddha: "Verdensærede, vil der i fremtiden være levende væsner, som vil fatte denne belæring, når de hører den?"

Buddha sagde: "Subhuti, de levende væsner, du lige nævnte, er hverken levende væsner eller ikke levende væsner. Hvorfor? Fordi, Subhuti,

Tathagataen siger, at levende væsner faktisk ikke er sådanne, de kaldes blot levende væsner."

22 Ingen sandhed, ingen virkeliggørelse.

Subhuti spurgte Buddha: "Verdensærede, i opnåelsen af uforlignelig perfekt oplysning, opnåede du overhovedet intet?"

Buddha svarede: "Netop, Subhuti, således er det. Da jeg opnåede virkeliggørelsen af uforlignelig perfekt oplysning, erhvervede jeg ikke den mindste ting; derfor kaldes det uforlignelig perfekt oplysning."

23 Med et rent sind kultiver det, som er lykkebringende.

"Yderligere, Subhuti, dette er overalt, uden forskelle eller grader, derfor kaldes det virkeliggørelse af uforlignelig perfekt oplysning. Det opnås direkte ved frihed fra adskilt personligt selvhed, og ved at praktisere alle former for godhed.

Subhuti, selv om vi taler om godhed, erklærer Tathagataen, at der ikke er nogen godhed, det kaldes blot godhed."

24 Fortjeneste og visdom hinsides sammenligning.

"Subhuti, hvis, på den ene side, en person giver i velgørenhed så store mængder af de syv skatte, som der ville svare til lige så mange Sumeru bjerge, som der ville være i tre tusinde galakser, og på den anden side, en anden person modtager, husker, studerer og reciterer blot fire linier fra denne belæring om visdommens perfektion og klart udlægger den for andre, vil fortjenesten fra det første ikke være en hundrededel af det, som den anden opnår. De kan slet ikke sammenlignes."

25 Instruktioner uden at instruere.

"Subhuti, hvad tror du? Sig ikke, at Tathagataen har forestillinger om: 'Jeg må befri alle levende væsner'. Tillad ikke en sådan tanke Subhuti. Hvorfor? Fordi der faktisk ikke er nogen levende væsner, som Tathagataen kan befri. Hvis der var levende væsner, som Tathagataen kunne befri, ville han jo have opfattelsen af et ego, en personlighed, et væsen og et adskilt individ.

Subhuti, selv om almindelige mennesker mener, at egoet er virkeligt, erklærer Tathagataen, at ego ikke er forskelligt fra ikke-ego. Subhuti, de som Tathagataen betegner som almindelige mennesker er i virkeligheden ikke almindelige mennesker, de kaldes blot almindelige mennesker."

26 Sandhedslegemet er ikke et kendetegn.
"Subhuti, hvad tror du? Kan Tathagata genkendes ved hjælp af de 32 fysiske kendetegn?"

Subhuti svarede: "Nej, en Tathagata kan bestemt ikke genkendes ved hjælp af dem."

Buddha sagde: "Subhuti, hvis Tathagataen kunne genkendes på sine 32 fysiske kendetegn, ville en verdenshersker være en Tathagata."

Subhuti sagde til Buddha: "Verdensærede, som jeg forstår dine ord, kan Tathagataen ikke genkendes ved hjælp af sine 32 fysiske kendetegn."
Derpå reciterede Tathagataen følgende vers:

"Den, som ser mig som form,
Som søger mig gennem lyd,
Forkerte er hans skridt på vejen,
For han kan ikke opfatte Tathagataen."

27 Intet sluttede, intet er nedbrudt.
"Subhuti, hav ikke sådanne tanker som: 'Tathagataens opnåelse af perfekt uforlignelig oplysning var på grund af hans perfekte form'. Subhuti, sky sådanne tanker. Det kunne ikke være på grund af sit perfekte legeme, at Tathagataen opnåede perfekt uforlignelig oplysning. På den anden side, hvis du mener, at et oplyst væsen er et, som erklærer, at alle åbenbare former er udslukt, bliv ikke vildledt. Hvorfor? Fordi en, som har virkeliggjort uforlignelig oplysning, bekræfter ikke nogen formel, som støtter udryddelsen af noget som helst"."

28 Ingen ejendele, ingen tilknytning.
"Subhuti, hvis, på den ene side, en Bodhisattva, i sin praksis af godgørenhed, gav så meget af de syv skatte, at de fyldte så mange verdner, som der er sandkorn i Ganges, og, på den anden side, en person erkender, at alle ting er uden ego og derved opnåede fuldkommengørelse af tålmodig overbærenhed, ville denne sidstes fortjeneste langt overgå den førstes. Hvorfor? Fordi, Subhuti, alle Bodhisattvaer er ligeglade med belønning for deres fortjeneste."

Subhuti spurgte Buddha: "Verdensærede, hvad betyder det, at Bodhisattvaer er ligeglade med belønning for deres fortjeneste?"

"Subhuti, Bodhisattvaer, som opnår fortjeneste, er ikke bundet af ønsker om belønning."

29 Perfekt holdnings fuldstændige stilhed.

"Subhuti, hvis nogen siger, at Tathagataen kommer eller går, sidder eller ligger, forstår han ikke, hvad jeg mener. Hvorfor? Fordi Tathagataen hverken kommer noget steds fra eller går noget sted hen, derfor kaldes han Tathagata."

30 Begrebet væsners betydning.

"Subhuti, hvad tror du? Hvis en retskaffen mand eller kvinde maler et uendeligt antal galakser til støv, ville disse støvpartikler være mange?"

Subhuti svarede: "Ganske mange, Verdensærede. Hvorfor? Fordi, hvis de virkelig eksisterede, ville Buddha ikke sige, at de var støvpartikler. Og hvorfor? Fordi, når Buddha taler om støvpartikler, er de ikke så, men kaldes blot støvpartikler. Verdensærede, når Tathagataen taler om galakser af verdner, er de ikke verdner, men kaldes blot sådan. Hvorfor? Fordi, hvis de faktisk eksisterede, ville de være selv-eksisterende universer. 'Univers' er blot en talemåde."
"Subhuti, ord kan ikke forklare universets sande natur. Kun almindelige mennesker bundet af begær bruger disse vilkårlige forskelle."

31 Dan ikke begreber og holdninger.

"Subhuti, hvad tror du? Hvis nogen siger, at Buddha erklærer nogen begreb af et ego, en personlighed, et væsen og et adskilt individ, ville du mene, at den person forstår, hvad jeg mener?"

”Nej, Verdensærede, en sådan person ville ikke have en sund forståelse af Tathagataens belæringer. Fordi den Verdensærede har erklæret, at opfattelsen af et ego, en personlighed, et væsen og et adskildt individ som eksisterende, er fejlagtigt – disse begreber er blot udtryksformer."

"Subhuti, den, der søger at virkeliggøre perfekt uforlignelig oplysning, bør forstå alle de forskellige ting på samme måde og afskære opståelse af holdninger, som blot er baseret på aspekter. Subhuti, de såkaldte aspekter er ikke sådanne, men kaldes blot tingenes aspekter."

32 Syner er ikke virkelige.
”Subhuti, nogen fylder måske utallige verdner med de syv skatte og giver dem væk i gaver, men hvis en retskaffen mand eller kvinde vækker tanken om oplysning og modtager, husker, studerer og reciterer blot fire linier af denne belæring og udlægger den for andre, vil denne sidstes fortjeneste langt overgå den førstes.

På hvilken måde bør han forklare dem til andre? Ved at være uden tilknytninger til udseende, ved at dvæle i virkelig sandhed.

Så jeg siger til dig:

Alle sammensatte ting
Er som en drøm, en illusion, en boble og en skygge.
Er som en dugdråbe og et lynglimt.
Således skal de betragtes."

Da Buddha var færdig med sine belæringer, blev den ærværdige Subhuti sammen med alle munke, nonner, lægbrødre og lægsøstre og alle verdner af guder, mennesker og asuraer fyldt med glæde, og idet de tog det oprigtigt til deres hjerte, gik de deres vej.

HVAD ER BUDDHISME?

af Soyen Shaku, 1906 (uddrag)

Hvad er buddhismens grundlæggende lære? Jeg finder det mest passende at betragte den fra to standpunkter, etisk og filosofisk, eller praktisk og spekulativt, eller følelsesmæssigt og intellektuelt. Det filosofiske eller spekulative forbereder os for det etiske eller praktiske, for religion er ikke et system af metafysik, som leger med floskler og finder glæde i spidsfindigheder, men dens mål er først og fremmest praktisk og åndeligt. Den skal bære frugt her i vores hverdagsliv.

For at begynde med den metafysiske side af buddhismen: (1) Vi buddhister tror på, at med hensyn til det iagttagne: Ting, der findes, er alle adskilte og afsondrede, de er underlagt loven om udskillelse og dermed også loven om begrænsning. Alle bestemte ting eksisterer i tid og rum og bevæger sig i overensstemmelse med loven om årsag og virkning, ikke kun fysisk, men også moralsk. Buddhismen er ikke, selv om den nogle gange forstås sådan af Vestens mennesker, fortaler for læren om tomhed eller udslettelse. Den anerkender helt bestemt fænomeners mangfoldighed og virkelighed. Denne verden, som den er, er virkelig, ikke tomhed. Dette liv, som vi lever det, er sandt og ikke en drøm.

(2) Vi buddhister tror, at alle disse specifikke ting, der omgiver os, kommer fra én grund-kilde, som er almægtig, alvidende og alt-elskende. Verden er udtrykket for eller manifestationen af denne årsag eller ånd eller liv, hvad du end vil kalde det. Hvor forskellige tingene end er, tager de alle del i det ultimative væsens natur. Ikke blot sansende væsner, men ikke-sansende væsner, afspejler den oprindelige grunds herlighed. Ikke kun mennesker, men selv de laverestående dyr og uorganiske stoffer manifesterer kildens guddommelighed. For at bruge det kristne udtryk, Gud, Det* er synligt og hørbart, ikke blot i en af Dets højeste manifestationer, som kristne kalder Jesus Kristus, men også i det ringeste og mest ubetydelige stykke sten, der ligger i et øde område. Guds pragt ses ikke kun i de bibelske liljer, men også i den mudder og det dynd, hvorfra de vokser. Den guddommelige årsags melodi høres ikke kun i fuglenes syngen eller i en inspireret musikers komposition, men også i "livets slum", som Emerson udtrykte det.

(3) Denne erkendelse af tings enhed fører naturligt til vores tredje tro, at den ene er de mange, og de mange er den ene. Gud bor ikke i himlen. Det styrer ikke Dets forretninger i et lukket kontor, beliggende et eller andet sted udenfor denne verden. Det skabte ikke himlen og jorden ud af intetheden. Ifølge buddhismen, er det en alvorlig fejl at søge Gud udenfor dette liv, udenfor dette univers. Det lever lige her blandt os, og dirigerer tingenes forløb i henhold til Dets medfødte skæbne. Selvom buddhister nægter at lade Gud gå ud af os, identificerer de Det ikke med eksistensens totalitet, de er ikke villige til at kaste deres lod med såkaldte panteister. Gud er iboende, sandt nok, men Det er større end summen af ting. For verden vil måske forgå, universet vil måske blive rystet ud af sit fundament, men Gud vil forblive og vil skabe et nyt system ud af de tidligere ruiner. Eksistensens aske vil aldrig blive spredt for alle vinde, men de vil samle sig i Guds evigt skabende hånd og bygge sig selv op til en ny orden af ting, hvor Det altid skinner med Dets afklarede stråleglans

For at opsummere den første del af denne diskurs, hvad der kan kaldes den metafysiske fase i buddhismen er at erkende (1) virkeligheden af den opfattede verden, (2) eksistensen af én ultimativ grund (årsag), og (3) denne grunds iboen i universet.

For nu at komme til den praktiske side af buddhismen: Hensigten med buddhismen, for at sige det kort, er at fjerne uvidenhedens skyer og at få oplysningens sol til at skinne. Vi er selviske, fordi vi er uvidende med hensyn til selvets væsen. Vi er afhængige af tilfredsstillelse af lidenskaber, fordi vi er uvidende om menneskehedens skæbne. Vi er stridbare og ønsker at gøre os stærke og dominerende på bekostning af vores medmennesker, fordi vi er uvidende om universets ultimative betydning. Buddhister anerkender ikke nogen arvesynd, men anerkender eksistensen af uvidenhed, og insisterer på dens fuldstændige fjernelse, som det sikreste middel til frelse. Lad os derfor alle blive oplyst med hensyn til den erklæring givet ovenfor. Lad os vide, at vi alle er ét i universets årsag, at den iagttagne verden er virkelig kun i det omfang den manifesterer årsagen, at egoisme ikke har nogen absolut indflydelse i dette liv, for den ødelægger sig selv, når den forsøger at bevare sig selv gennem sin arrogante fremhæven, og at perfekt fred kun er opnået, når jeg genkender mig selv i dig, og dig i mig. Lad os alle være oplyst med hensyn til disse ting, og vores uvidenhed og egoisme er for evigt borte; den mur der deler er ødelagt, og der er intet der forhindrer os i at elske vores fjender, og kilden til guddommelig kærlighed er åben i vores hjerter, den evige strøm af sympati har nu fundet sin uhindrede vej. Dette er grunden til, at buddhismen kaldes oplysningens religion.

Nu, da vi står på denne højde af religiøs hellighed, ved vi hvad buddhistisk praktisk tro er. Den er tredobbelt: (1) at ophøre med forseelser, (2) at fremme godhed, og (3) at oplyse de uvidende. Buddhistisk etik er den simpleste ting i verden at praktisere. Den har ikke noget mystisk, ikke noget overtroisk, intet afgudsdyrkende, intet overnaturligt. Ophør med at gøre noget forkert, da det er imod tings årsag, gør hvad der er godt, som fremmer forløbet af fornuft i dette liv, og, til slut, hjælp dem, som stadig er bagud og træt af livet, til at virkeliggøre oplysning. Og her har du buddhismen i en nøddeskal. Det har intet at gøre med bøn og tilbedelse og sang og hvad ved jeg. Vores enkle hverdagsliv med kærlighed og sympati er alt, hvad der behøves for at være en god buddhist.

Jeg blev engang spurgt, om der var sådan en ting som et specielt religiøst liv. Hvortil mit svar var enkelt nok: "Pas dit daglige foretagende, gør alt, hvad du kan for at fremme godhed i denne verden, og ud af et fyldt hjerte hjælp dine medmennesker til at opnå vejen til oplysning. Der kan ikke være noget udenfor dette, der særskilt kan kaldes et religiøst liv."

* Lad mig bemærke her, at det slet ikke er korrekt at henvise til Gud, den ultimative kilde til alt, som maskulin, som det normalt gøres. Gud er hinsides køn. Det er hverken "Han" eller "Hun". Selv "Det" er ikke passende, men vil være at foretrække frem for andre stedord.

LANKAVATARA SUTRA
(uddrag)

XVIII

Desuden, Mahamati, disciple, som er bange for den lidelse, der kommer fra deres projektion af samsara, søger nirvana, uden at være klar over, at forskellen mellem samsara og nirvana, såvel som deres projektion af alt andet, ikke eksisterer. Tillige forestiller de sig, at Nirvana består i yderligere udslettelse af sanserne og deres felter. De er ikke klar over, Mahamati, det faktum, at Nirvana er Alayavijnana*, hvori et omsving sker ved selv-erkendelse. Derfor taler uvidende mennesker om tre stier og ikke om den projektionsfri verden, der er intet andet end sind. Mahamati, de kender derfor ikke den sinds-verden, som fortidige nutidige og fremtidige tathagataer opfatter. I stedet er de knyttet til opfattelsen af en verden udenfor sindet og fortsætter med at dreje samsaras hjul.

XIX

Endvidere Mahamati, intet opstår. Dette er hvad fortidige, nutidige og fremtidige tathagataer belærer om. Og hvordan det? Fordi eksistens og ikke-eksistens er opfattelser i ens eget sind, hvis eksistens og ikke-eksistens ikke opstår. Mahamati, intet, som eksisterer, opstår. Mahamati, alt er som horn på en hare, hest, æsel eller kamel - uvidende væsners misforståede projektioner af en indbildt virkelighed. Derfor, Mahamati, intet, som eksisterer, opstår. At alle ting i deres væsen er ufødte, Mahamati, hører til verden af personlig erkendelse af buddha-visdom, og ikke til den uvidendes dualistiske verden af projektioner.

Den eksistens, der karakteriserer sådanne ting som dit legeme, dine ejendele, verden omkring dig, Mahamati, er samspillet, der foregår i Alayavijnana, af at tage fat i og det man fastholder. Fanget af deres dualistiske synspunkter af opståen, varighed og ophør og deres ønske om at ting opstår, skaber de uvidende projektioner af eksistens og ikke-eksistens. Mahamati, du bør reflektere over dette i din praksis.

* Lankavatara sutraen gør op med den dualistiske holdning, at Alayavijnana, sinds-grunden, og Tathagatagarbha, buddha-natur, er to forskellige ting. Vores fundamentale sind (bevidsthed, vågenhed) og oplysnings-væsen (buddhanatur, den indbyggede mulighed for oplysning) er iflg. Lankavatara sutra ét og det samme – og oprindeligt rent (uden 'synd').

MUMONKAN

Sag 1 Jōshūs "Mu"

En munk spurgte Jōshū: "Har en hund Buddhanatur?"
Jōshū svarede: "Mu."

Mumons kommentar
For at mestre Zen, bliver du nødt til at passere patriarkernes barriere. For at opnå denne underfundige forståelse, må du fuldstændigt afskære tænkningens vej. Hvis du ikke passerer denne barriere, og ikke afskærer tænkningens vej, så vil du være som et spøgelse, der klamrer sig til buske og ukrudt. Nu vil jeg spørge dig, hvad er patriarkernes barriere? Det er dette ene ord "Mu." Det er indgangsporten til Zen. Derfor kaldes det "Zens mumonkan." Hvis du passerer gennem den, vil du ikke blot se Jōshū ansigt til ansigt, men du vil også gå hånd i hånd med de successive patriarker, sammenfiltre dine øjenbryn med deres, se med de samme øjne, høre med de samme ører. Er det ikke noget vidunderligt at se frem til? Kunne du ikke tænke dig at passere denne barriere?
Væk da hele dit legeme, med dets tre hundrede og tres knogler og led og dets fireogfirs tusinde hudporer; fremkald en ånd af stor tvivl og koncentrer på dette ord "Mu." Bær det konstant dag og nat. Dan ikke et nihilistisk billede af tomhed, eller et relativt begreb om at "have" eller "ikke have". Det vil være ligesom, hvis du sluger en rødglødende jernkugle, som du ikke kan spytte ud, uanset hvor meget du prøver. Alle de illusoriske ideer og falske tanker ophobede indtil nu vil blive udryddet, og når tiden kommer, vil indre og ydre spontant blive forenet. Du vil vide dette, men kun for dig selv, som en stum mand der havde en drøm. Så vil der pludseligt ske en eksplosiv forvandling, og du vil forbavse himlene og ryste jorden.
Det vil være, som hvis du greb den tapre general Kan'us sværd og holder det i din hånd. Når du møder Buddha, dræber du ham; når du møder patriarkerne, dræber du dem. På kanten mellem liv og død råder du over perfekt frihed; blandt de seksfoldige verdner og fire eksistensformer nyder du en lykkelig og munter samadhi.
Nu vil jeg spørge dig igen, "Hvordan vil du udføre det?" Anvend hvert eneste gram af din energi på at arbejde på dette "Mu." Hvis du fastholder dette uden afbrydelse, se: en enkel gnist og det hellige lys er tændt!

Mumons vers

Hunden, Buddhanaturen,
udtalelsen, perfekt og endelig.
Før du siger, den har eller ikke har,
er du øjeblikkelig en død mand.

Fra **Dōgen Oshō Kōroku**

"Jeg besøgte ikke mange zen templer, da jeg var i Kina. Ganske naturligt var jeg i stand til at møde min lærer, Tendō Nyōjō, og erkendte straks, at øjnene er vandrette, næsen lodret. Lige siden er jeg ikke blevet narret af andre. Således kom jeg tilbage til mit hjemland med tomme hænder. Derfor har jeg ingen Buddha Dharma som sådan, ikke engang et lille hår af den. Idet jeg stoler på min karma, lader jeg tiden gå sin gang. Morgen efter morgen viser solen sig i øst. Nat efter nat går månen ned i vest. Når skyerne forsvinder, viser bjergene sig. Efter regnbygerne er de fire bjerge lave. Når alt kommer til alt, hvad er Dette?"

Fra **Zenrin Kushu**

巧匠不留跡 Kōshō ato o todomezu

En dygtig håndværker efterlader ingen spor.

古松談般若 Koshō hannya o danji,
幽鳥弄眞如 Yūchō shinnyo o rō su.

Det gamle fyrretræ taler prajna-visdom,
Den skjulte fugl leger med sand sådanhed.

”Den ultimative praksis er at være normalt aktiv mens man er i en tilstand af oprindelig eller naturlig opmærksomhed.” **Namkhai Norbu**

En elev spurgte sin mester: "Hvad består din praksis af?"
Mesteren svarede: "Ikke-praksis."
Det fik eleven til at spørge: "Så du mediterer ikke?"
Hvortil mesteren svarede: "Hvornår er jeg nogensinde distraheret?"

Milarepa

Sang angående de seks fuldkommengørelser

Angående gavmildhed:
Intet at gøre andet end at ophøre med at fiksere på sig selv.

Angående moralskhed:
Intet at gøre andet end at ophøre med at være uærlig.

Angående langmodighed:
Intet at gøre andet end ikke at frygte hvad der rent faktisk er sandt.

Angående indsats:
Intet at gøre andet end ubrudt praktiseren.

Angående meditativ stabilitet:
Intet at gøre andet end at hvile i tilstedeværen.

Angående visdom:
Intet at gøre andet end direkte at vide hvordan ting er.

FU E KO

Generel tilegnelse

NEGAWAKU WA
KONO KUDOKU O MOTTE
AMANEKU ISSAI NI OYOBOSHI
WARERA TO SHUJO TO
MINA TOMONI
BUTSUDO O JO ZEN KOTO O

Må vi udstrække Dette sind over hele universet,
Så at vi og alle væsner tilsammen
Må nå modenhed i Buddhas Visdom.

四弘誓願文（しぐせいがんもん）

衆生無邊誓願度（しゅじょうむへんせいがんど）
煩惱無盡誓願斷（ぼんのうむじんせいがんだん）
法門無量誓願學（ほうもんむりょうせいがんがく）
佛道無上誓願成（ぶつどうむじょうせいがんじょう）

SHIGU SEIGAN

SHU JO MU HEN SEI GAN DO
BO NO MU JIN SEI GAN DAN
HO MON MU RYO SEI GAN GAKU
BUTSU DO MU JO SEI GAN JO

Store Løfter For Alle
De Fire Bodhisattva-løfter

Hvor utallige alle væsner end er, lover jeg at frelse dem alle
Hvor uudtømmelige mine vrangforestillinger end er, lover jeg at udrydde dem alle
Hvor umålelige Dharma Lærdommene end er, lover jeg at mestre dem alle
Hvor endeløs Buddhas Vej end er, lover jeg at følge den.

Udgivet af
Buddhistisk Samfund
Glappevej 12, 3751 Østermarie
www.buddhistisksamfund.dk

www.ingramcontent.com/pod-product-compliance
Ingram Content Group UK Ltd.
Pitfield, Milton Keynes, MK11 3LW, UK
UKHW021654190726
13853UKWH00001B/249

9 788799 279722